청소년을 위한 창조 사건

최규택 | 옮긴이

한양대학교 경제학과와 서강대학교 대학원에서 경제학(MBA)을 공부하였다. 번역서로는 루이스 마르코스의 「C. S. 루이스가 일생을 통해 씨름했던 것들」*Lewis Agonistes*, 조안 치티스터의 「시련 그 특별한 은혜」*Scarred by Struggle, Transformed by Hope*, 헨리 나우웬의 「영원한 계절」*Eternal Seasons*, 클리포드 윌리엄스의 「마음의 혁명」*Singleness of Heart*, 돈 파이퍼의 「천국에서 90분」*90 Minutes in Heaven*, 맥스 루케이도의 「청소년을 위한 예수님처럼」*Just Like Jesus*, 폴 틸리히의 「믿음의 역동성」*Dynamics of Faith*, 필립 얀시의 「육체속에 감추어진 영성」*In His Image*, 스토미 오마샨의 「기도의 힘」*The Power of Praying*, 헨리 나우웬의 「두려움을 이긴 사랑」*Love in a Fearful Land*, 크리스틴 사인 & 톰 사인의 「하나님 목적 나의 목적」*Living on Purpose*, 도널드 맥컬로우의 「내가 만든 하나님」*Trivialization of God*, 유진 피터슨의 「메시지」*The Massage*(이상 그루터기하우스) 등이 있다.

청소년을 위한 창조 사건

2014년 4월 29일 초판3쇄 발행

지은이 리 스트로벨 & 제인 보겔
옮긴이 최규택
펴낸이 정병석

도서출판 그루터기하우스
서울특별시 강남구 논현동 95-2호 대호빌딩 4층
Tel 514-0656 | Fax 546-6162
gruturgi21@hanmail.net
등록 2000년 11월 28일 제16-2289호
ISBN 978-89-90942-21-0 03230

The Case for a Creator - Student Edition
Copyright © 2004 by Lee Strobel
Published by Zondervan
Originally Published in the U.S.A.

Korean Edition © 2008
by Gruturgi House Publishing Co., Seoul, Korea

본서의 한국어판 저작권은 KCBS를 통하여 Zondervan과 독점 계약한 그루터기하우스에 있습니다.
저작권법에 의하여 한국 내에서 보호를 받는 저작물이므로 무단전재와 복제를 금합니다.

> 그 중에 십분의 일이 오히려 남아 있을지라도 이것도 삼키운바 될 것이나 밤나무, 상수리나무가 베임을 당하여도 그 그루터기는 남아 있는 것 같이 거룩한 씨가 이 땅의 그루터기니라(이사야 6:13).

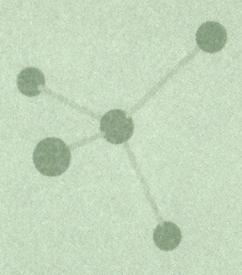

The case for a creator
청소년을 위한 창조 사건

리 스트로벨 & 제인 보겔 지음

그루터기하우스

감사의 말

원고를 검토하고 논평을 해 준 다음의 학생들에게 특별한 감사의 말을 전합니다.

알렉스 보밀지(Alex Bommelje)

에이미 보밀지(Amie Bommelje)

다나 메시링크(Dana Masselink)

티나 오(Tina Oh)

제인리 스쿠르만(Janelle Schuurman)

단 비써(Dan Visser)

조지 비써(George Visser)

리치 비써(Rich Visser)

메리 보겔(Marie Vogel)

로스 위라드(Ross Wielard)

차례

감사의 말

1. 과학 vs. 하나님? *7*
2. 빅뱅으로부터의 시작 : 우주론의 증거 *15*
3. 진화론 탐구 : 오래된 사상을 새롭게 바라보기 *39*
4. 칼날의 가장자리 위에 놓인 우주 :
   물리학과 천문학의 증거 *71*
5. 쥐덫과 분자 기계 : 생화학적 증거 *103*
6. DNA와 생명의 기원 : 생물학적 정보의 증거 *125*
7. 결정의 시간 : 과연 창조 사건은 있었는가? *149*

주 *169*

1장

과학 vs. 하나님?

당신은 여전히 하나님을 믿으면서 동시에 과학을 이해할 수 있는가? 나는 처음으로 이 질문을 던지기 시작한 때를 분명히 기억한다. 그리고 그것에 대해 어떻게 대답했는지도 분명히 기억한다.

시카고 북서쪽 외곽에 있는 프로스펙트 고등학교의 열 네 살짜리 신입생이었던 나는 3층 과학실에 앉아서 아스팔트 주차장을 내려다 보고 있었다. 내 자리는 창문 쪽으로부터 두 번째, 강단으로부터 세 번째였다.

나는 기초 생물학 수업을 참 좋아했다. 이것은 세상을 논리적으로 바라보기 좋아하는 내게 아주 잘 맞는 수업이었다. 나는 치료할 수 없는 수준의 호기심을 가진 학생이었다. 항상 꼬리에 꼬리를 무는 질문을 해댔고 물질들의 작동원리를 알아내기 위해 끊임없는 실험을 했다.

그 정도로 과학을 좋아했다. 당시 선생님은 내게 개구리의 몸을 해부해보라고 독려하셨고 그 덕분에 개구리가 어떻게 뛸 수 있는지를 알게 되었다. 과학은 내가 궁금해하는 모든 것들에 대해 "왜" 라는 질문을 할 수 있게 해 주었다. 과학은 나로 하여금 날파리를 사육함으로써 유전 실험을 할 수 있게 해 주었고, 식물의 내부를 자세히 관찰함으로써 그것들의 재생산 원리를 배우게 해 주었다. 과학은 내게 당연한 사실을 실험을 통해 증명해주었다. 그 당시 내게는 순진한 의견, 미신 그리고 비이성적인 믿음과 같은 과학 이외의 모든 것들은 받아들이지 않는 경향이 있었다.

그러한 내가 과학적 사고방식을 선호하고 하나님을 조금씩 의심하는 것은 당연한 일이었다. 그러나 교회나 성당의 주일학교에 다니고 있는 많은 친구들은 성경의 가르침을 기계적으로 받아들이고 있는 것 같았다. 성경을 신뢰하기 위해서는 내게 근거들이 필요했다. 아무도 나의 질문에 귀를 기울이지 않을 때 나는 그들이 대답할 만한 분명한 근거를 가지고 있지 않기 때문이라는 의심을 품기 시작했다. 또한 나는 어떤 과학적 내지는 이성적 증거 없이 하나님을 믿으라고 하면 아무런 관심도 기울이지 않았다.

그 생물 수업 시간에 참여하면서, 그러니까 과학적 발견들에 대해 배우면서 나는 무신론으로 들어가는 문을 열기 시작했다.

어서 와, 진화론! 잘 가세요, 하나님!

나의 선생님은 생명체는 수백만 년 전 화학 물질들이 선사시대 지구의 따뜻한 바다에서 서로 불규칙한 작용을 하는 가운데 유래되었으며 이후, 이 생명체는 적자 생존과 자연 선택의 과정을 거치면서 점점 더 복잡한 형태로 성장했다고 설명했다. 그리고 인간조차도 유인원과 같은 계보로 판명되었다고 설명했다.

　내게 있어 이 모든 것은 일리가 있어 보였다. 나는 만약 생명체가 아무런 외부의 도움 없이 원시의 지구에서 태고의 끈적끈적한 생명의 원천을 스스로 만들어 낼 수 있었다면 창조자는 필요 없게 된다는 결론을 내렸다. 또한 만약 우리가 단순히 자연선택이라는 비인격적인 힘의 산물에 불과하다면 자기의 형상대로 인간을 창조하셨다는 하나님은 필요 없게 된다는 결론을 내렸다. 다시 말해, 만약 내가 「종의 기원」*The Origin of Species*을 가지고 있다면 성경은 필요 없다는 결론을 내렸다.

　대학생활 중반기까지 나의 무신론적 태도는 너무나 견고해져서 비지성적 신앙을 가진 사람들이 답답해 보이기까지 했다. 나는 그들이 독선적이고 거만한 사람들로 느껴졌다. 나는 그들이 소위 본향이라고 하는 천국을 계속해서 갈망하며 상상 속의 하나님이 제시한 억압적인 도덕에 집착하는 노예 생활을 하도록 내버려 두었다. 적어도 나는 과학자들이 내린 결론들을 따르기로 마음 먹었던 것이다.

●● 조사가 시작되다

만약 내가 질문하는 것을 멈춘다면, 그것은 나답지 않은 모습이다. 언론과 법률에 배경을 가진 내게 있어 대답을 요구하는 것은 존재의 일부였기 때문이다. 그래서 내 아내 레슬리가 예수님을 따르기로 결심했다고 선언했을 때 내가 처음 내던졌던 말이 질문인 것은 당연했다.

나는 정중한 태도가 아니라 비꼬는 태도로 이렇게 물었다. "당신 정신이 좀 어떻게 된 거 아니에요?" 나는 좀처럼 이해가 되지 않았다. 이성적인 사람이 어떻게 비이성적인 종교적 믿음을 가질 수 있다는 말인가?

그런데 몇 달이 지나자 아내의 성품이 변하기 시작했다. 그녀의 가치관이 바뀌고 있었다. 그녀는 예전보다 더 사랑을 베푸는 사람, 남들을 돌보는 사람, 진실한 사람이 되어가고 있었다. 나는 여전히 동일한 질문을 던지고는 있었지만, 이전보다 좀 더 부드럽고, 솔직하고, 진지한 어조의 질문이었다. "당신 정신이 좀 어떻게 된 거 아니에요?" 그 무엇인가가 아니, 그녀가 주장하듯이 그 누군가가 그녀를 더 좋은 사람으로 변화시키고 있는 것이 분명했다.

나는 무슨 일이 일어나고 있는지 조사해볼 필요성을 느꼈다. 그래서 믿음, 하나님, 성경에 대해 더 많은 질문을 하기 시작했다. 나는 해답을 얻을 수 있는 곳이라면 어디든 가겠다고 결심했다. 하지만 솔직히 말해서 내가 궁극적으로 어디에 도달하게 될지 전혀 모르는 상태였다.

이 복잡하기 그지 없는 영적 조사는 거의 2년 동안이나 지속되었다. 과학은 내가 무신론으로 나아가는데 중요한 역할을 해 왔기 때문에 나는 최근의 과학적 연구가 하나님에 대해 어떻게 설명하는지 살펴보고 그것에 대해 문제를 제기하는데 많은 시간을 할애했다. 나는 열린 마음을 가지고 질문하기 시작했다.

- 과학과 믿음은 서로 양립할 수 없는가? 과학적으로 사고하는 사람은 종교적 믿음을 거부해야만 한다는 나의 생각은 옳은가? 혹은, 전혀 다른 시각으로 영적인 것과 과학적인 것 사이의 관계를 바라볼 수는 없는가?
- 최신의 과학적 증거들은 하나님의 존재를 옹호하는가?

부인하는가?
- 최근에 과학이 발견한 것들에 비추어 볼 때, 지난 세월 동안 나를 무신론으로 내몰았던 진화론적 가르침들은 여전히 유효한가?

노벨상을 두 번이나 수상한 라이너스 폴링(Linus Pauling)은 "과학은 진리를 향한 추구"[1]라고 말했다. "진리를 향한 추구" 나는 바로 그 일을 착수하기로 결심했다. 바라기는, 내가 회고하면서 떠나는 이 여정에 당신도 동행해 주었으면 좋겠다. 탐구 과정에서 당신은 어떤 대답과 설명이 더 신뢰할 만한지를 스스로 판단할 수 있게 될 것이다.

2장

빅뱅으로부터의 시작 : 우주론의 증거

　내 눈은 집 근처 가판대의 잡지들을 훑어 보고 있었다. 아름다운 여성이 〈글레머〉지의 표지를 멋지게 장식하고 있었다. 〈모터 트랜드〉지의 표지에서는 매끄럽게 윤이 나는 고성능 자동차들이 질주하고 있었다. 〈디스커버〉지의 표지에서는 단순하게 생긴 빨간 구가 새하얀 배경 위에서 홀로 떠 다니고 있었다. 그것은 테니스 공보다 더 작았고 골프 공보다 더 얇았다. 그것은 지름이 3/4인치 정도 되는 것으로 딱 구슬 크기만했다.

매우 인상적으로 보이던 그것은 과학자들이 믿고 있는 것으로써, 우주가 생겨났을 때의 우주의 실제 크기를 나타낸 것이었다. 이 그림에 따르면, 생겨난 지 1초 후의 우주의 크기는 미세한 파편에 불과했다. 그 잡지의 머리기사는 이렇게 외치고 있었다. "모든 것은 어디로부터 왔는가?"[1]

수 천년 전 히브리인들은 자신들이 그 대답을 알고 있다고 믿었다. 그것은 바로 "태초에 하나님이 천지를 창조하시니라 (In the beginning God created the heavens and earth - 창세기 1장 1절)"라고 기술된 성경의 말씀이다. 그들은 모든 것은 빛이 있으라고 명령하신 하나님의 음성으로부터 시작되었다고 주장했다. 그렇다면 이것은 단순한 미신인가? 아니면 신성한 영감을 통해 얻은 통찰인가? 자신의 일생을 우주의 기원을 연구하는데 바친 과학자들 – 우주학자들은 이 문제에 대해 어떻게 대답하고 있는가?

내게 있어 "모든 것의 기원"이라는 주제는 과학이 창조자의 존재를 옹호하는지 아니면 부인하는지를 탐구하는데 좋은 출발점으로 보였다. 하지만 나는 세

참고_

우주론 우주 자체와 우주가 어떻게 생겨났는가를 연구하는 학문
우주학자 우주 자체와 우주가 어떻게 생겨났는가를 연구하는 과학자

계가 젊었는가 늙었는가에 대한 논쟁에는 특별한 관심을 기울이지 않았다. 내게 있어 "언제"는 "어떻게"만큼 중요한 것이 아니었다. 내가 중요하게 생각했던 것은 과학적 모형들과 이론들은 모든 것의 기원을 어떻게 설명하고 있는가 하는 것이었다.

태초에

노벨상을 수상한 물리학자 스티븐 와인버그(Steven Weinberg)는 그의 저서 「최초의 3분」 The First Three Minutes 에서 이렇게 설명했다. "태초에 폭발이 있었습니다. 그것은 모든 곳에서 동시에 일어난 폭발이었습니다. 다른 모든 입자들과 분리되어 밀려나간 물질의 입자들이 모든 공간을 채우면서 태초가 시작되었습니다"[2]

그의 말에 의하면 분리되어 밀려나간 물질은 중성미자(neutrinos)와 그 밖의 아원자 입자들(subatomic particles)과 같은 원자 입자들로 구성되었는데 그것들이 세상을 이루었다는 것이다. 그러한 입자들 중에는 빛을 만들어 내는 광자(photons)도 있었다. 그는 이렇게 말했다. "우주는 빛으로 가득 차 있었습니다."[3] (재미있게도 성경 역시 그와 동일한 이야기를 하고 있다)

그렇다면, 폭발이 일어난 원인은 무엇인가? 그냥 일어난 것인가? 다시 말해 처음에는 아무것도 없었는데 이후 갑자기 뭔가가 생겨난 것인가? 아니면, 무엇인가 또는 누군가가 그것을 일으킨 것인가?

분명히 말해 과학자들이 폭발 사건에 대한 기록들을 찾아오지 않는 한, 폭발 사건과 관련된 과학적 자료들을 얻기란 매우 어렵다. 그럼에도 불구하고 여전히 과학자들은 자기들이 가지고 있는 증거에 기초하여 합리적으로 보이는 추론을 도출해낼 수는 있다. 나 역시 유용한 최선의 분석자료들 즉, 수학적으로 증명된 엄밀한 사실들, 우주론에 관한 정확한 자료들을 얻기 원했고, 그것들로부터 가장 논리적인 결론들을 도출해내기를 원했다.

이론 1: 저절로 생겨난 존재

아마도 당신은 "자연은 진공 상태를 몹시 싫어한다" 라는 표현을 들어봤을 것이다. 나는 우주의 기원이라는 문제를 탐구하는 가운데 진공에 관한 더 재미있는 내용들을 배울 수 있었다. 가판대에서 나의 시선을 사로잡은 〈디스커버〉지의 기사에 의하면, "양자 이론은 진공은 양자 불안정성에 구속을 받는다고 주장한다. 이것은 물질이 진공 상태로부터 생겨날 수 있다는 의미이다. 비록 물질이 금새 도로 사라져 버리는 경향이 있기는 하지만 … 이론적으로 개, 집, 행성과 같은 물질들은 획 하고 생겨나 버릴 수 있다"[4]

이것은 정말 실제 삶 속에서 타당하게 여겨질 수 있는 이론은 아니었다. 기사는 계속해서 이렇게 말하고 있었다. "확률적인 차원에서 말하면, 가장 먼저 생겨났다가 극히 짧은 순간 지속될 가능성이 높은 것은 단연코 아원자 입자이다. 분자만 한 크기의 어떤 것이 저절로, 계속해서 생겨난다는 말은 심오하게 들리긴 하지만 가능성은 낮다" 어쨌든 이런 말들은 "존재가 저절로 생겨났다"는 가능성에 개방적인 입장을 취한다.

"저절로 생겨난 존재"라는 말은 근본적으로 "존재에는 원인이 전혀 없다. 그것은 그냥 생겨난 것이다"라는 의미를 가진다.

전 우주가 단순히 폭발에 의해 스스로 존재하게 되었다는 말을 믿는 것이 과연 이성적일까? 하지만 어떤 사람들은 그렇게 생각하고 있는 것처럼 보인다. 예를 들어 무신론자인 쿠엔틴 스미스(Quentin Smith)는 이렇게 주장한다. "가장 합리적인 믿음은 우리가 무(nothing)로부터, 무에 의해, 무를 위해 생겨났다는 것입니다."[5]

나는 논리적 법칙들과 과학적 증거들에 의한 탐구들이 그러한 믿음을 지탱해줄 것인지, 아니면 또 다른 결론 즉, 무엇인가가 우주를 존재하게 한 원인이라는 결론을 도출해낼 것인지 알아보고 싶었다.

칼람의 논증_
1. 존재하기 시작한 모든 것은 원인을 가지고 있다.
2. 우주는 존재하기 시작했다.
3. 그러므로 우주는 원인을 가지고 있다.

이론2: 우주는 원인을 가지고 있다

내게 가장 큰 흥미를 불러 일으켰던

이론은 우주론적 논쟁을 불러 일으켰던 칼람(Kalam)이라는 생소한 이름의 이론이었다. 칼람은 "말씀" 또는 "교리"라는 의미의 아라비아 말이다. 이슬람 이론에서 유래된 이 말은 세 단계 논증으로 구성되어 있다.

1단계: 존재하기 시작한 모든 것은 원인을 가지고 있다

대부분 사람들의 경험을 통해서 볼 때, 사물들은 원인 없이 무로부터 갑자기 생겨나지 않는다. 당신은 당신이 학교에 가고 없는 동안 아무런 원인 없이 무인 상태에서 갑자기 말 한 마리가 당신 방에 불쑥 생겨나 당신이 학교에서 돌아올 때 베개를 질경질경 씹고 있으면 어쩌나 하는 걱정은 하지 않을 것이다. (혹시 그 일이 변명거리를 제공할지도 모르겠다: "선생님, 저절로 생겨난 말이 제 숙제를 먹어버렸어요!") 경험적 증거들은, 존재하기 시작한 모든 것들은 원인을 가지고 있다고 말해준다.

그렇지만 나는 탐구과정에서 칼람의 첫 번째 논증에 최소한 하나의 반론은 있을 수 있음을 염두해 두어야 했다. 그것은 바로 양자 물리학이라는 괴상한 세계에서 비롯된 것이다.

이 양자 물리학의 세계를 통해 살펴볼 때, 아원자 수준에서는 온갖 종류의 생소하고 갑작스러운 물질들이 생겨난다. 그래서 이 아원자 수준에서 전 우주가 최초로 생성된 것이다. 이것이 바로 앞에서 내가 언급한 이론 즉, 물질은 진공 상태에서 생겨날 수 있다는 이론이다.

나는 이제 겨우 칼람의 논증 1단계에 와 있는데 벌써부터 곤경에 빠진 것이다. 나는 이 양립할 수 없는 두 증거들 즉, 우리 자신의 경험(사물은 원인 없이 불쑥 생겨나지 않는다)과 양자물리학의 증거(어떤 것은 진공상태에서 저절로 생겨날 수 있다)를 모두 다루어야 할 처지에 놓였다. 나는 전문가의 도움을 받을 수밖에 없었다.

나는 탐구과정에서 윌리엄 레인 크레이그(William Lane Craig) 박사를 알게 되었다. 그는 수십 년 동안 이 문제를 연구해 온 사람이었다.

나는 그에게 이렇게 질문했다. "어떤 주장이 옳습니까? 사물이 무인 상태에서는 불쑥 생겨날 수 없습니까? 아니면 어떤 물질은 진공 상태에서도 생겨날 수 있습니까?"

그는 이렇게 대답했다. "그래요. 아주 좋은 질문입니다. 이

기사에서 말하고 있는 아원자 입자는 '가상 입자'라고 불리는 것입니다. 이것은 이론적인 실체입니다. 이것의 존재를 확신하는 사람들은 이것이 단지 이론적인 개념에 불과하다는 주장에 반대하지만, 정작 이것의 존재 여부를 밝혀내지는 못하고 있습니다."

"그러나 이것을 논의하면서 생각해야 할 훨씬 더 중요한 요점이 있습니다. 그것은 바로 설령 이 가상 입자들이 실제로 존재하는 것이라 해도 이것들은 무로부터 생겨난 것이 아니라는 점입니다. 양자 진공은 대부분의 사람들이 연상하는 진공 즉, 절대적인 무의 상태가 아닙니다.

"오히려 이것은 풍부한 물리적 구조를 가지고 있고 물리적 법칙으로 설명될 수 있는 요동치는 에너지의 바다이며, 격렬한 운동의 영역입니다. 이 입자들은 진공 속에 있는 에너지의 요동에 의해 생겨난 것으로 여겨집니다.

"그러므로 이것은 무엇인가가 무에서 생겨나거나 무엇인가가 원인 없이 생겨난 사례라고 말할 수는 없습니다. 양자 진공과 진공 속에 갇힌 에너지가 이 입자들의 원인이니까 말입니다."

말이 되는 설명이었다. 그런데 그 순간 재미있는 질문이 하나 떠올랐다. 그렇다면, 과연 누가 혹은 무엇이 이 양자 진공을 최초로 창조해냈는가? 당연히 이것의 존재에 관한 분명한 설명이 필요했다. 우리는 갑자기 우주의 기원에 관한 질문으로 돌아갔던 것이다. 결국 이 격렬하게 요동치는 에너지의 바다는 창조자를 배제하고는 설명될 수 없는 것이었다.

나는 인간이 보편적으로 경험하듯, 무로부터 저절로 불쑥 생겨나는 것은 없다는 사실을 인정하지 않을 수 없었다. 나는 칼람의 1단계 논증은 자기 몫을 다했다는 결론을 내렸다.

2단계: 우주는 존재하기 시작했다

만약 지금이 100년 전이라면, 우주가 과거 특정한 시점에서 존재하기 시작했다는 생각은 심각한 논쟁거리가 되었을 것이다. 고대 그리스 시대 이후로 물질 세계가 영원하다는 가정은 지속되어 왔다. 기독교인들은 성경의 가르침에 근거하여 이 가정을 부인해 왔지만, 세속 과학은 우주가 항상 존재했었다고 가정해 왔다. 그래서 20세기에 우주가 불변하는 것이 아니고 영원한 실체도 아니라는 사실이 발견되었을 때, 세속적인 사고를 하는 사람들은 엄청난 충격을 받았다. 그것은 전혀 뜻밖의 발견이 아닐 수 없었던 것이다.

　나는 사실을 알고 싶었다. 우리는 우주가 과거 어떤 시점에서 시작되었다는 사실을 어떻게 알 수 있는가? 나는 학자들이 두 가지 다른 방법을 통해 이것에 관한 증거를 발견했다는 사실을 알게 되었다. 그 한 가지는 수학적인 방법이며 다른 한 가지는 과학적인 방법이다.

수학적 추론

　초기 기독교인들과 이슬람 학자들은 무한한 과거는 불가능하다는 사실을 증명하기 위해 수학적 추론을 사용했다. 왜냐하면 무한한 과거는 실제로 무한한 사건의 수를 수반해야 하기 때문에 그들은 우주의 나이가 유한할 수밖에 없다는 결론을 내렸다. 다시 말해 우주에는 시작이 있을 수밖에 없다는 것이다.

　나는 수학을 별로 좋아하지 않는 학생이었다. (못 믿겠거든 나의 수학 선생님에게 물어보라!) 그래서 직접적인 수학적 설명들은 내게 큰 도움이 되지 못했다. 나는 예증이 필요했다.

크레이그 박사는 내게 구슬 한 묶음을 보여 주었다. "제가 무한한 개수의 구슬을 가지고 있고 그 중 일부를 당신에게 주고 싶어 한다고 상상해 보십시오. 먼저 제가 당신에게 무한한 개수의 구슬을 주고 싶다면 제가 할 수 있는 한 가지 방법은 구슬 묶음 전체를 당신에게 주는 것입니다. 이 경우 제게는 구슬이 하나도 남지 않게 됩니다. 즉 무한대 빼기 무한대는 0이 됩니다.

또 다른 방법은 홀수 구슬만 모두 당신에게 주는 것입니다. 그래도 여전히 제게 남아 있는 구슬의 수는 무한대입니다. 그리고 당신 역시 무한대의 구슬을 가지게 되었습니다. 이 경우 무한대 빼기 무한대는 무한대가 됩니다.

또 다른 방법은 네 번째 구슬부터 모두 당신에게 주는 것입니다. 그러면 당신은 무한대의 구슬을 가지게 되고, 제게는 3개의 구슬만 남게 될 것입니다. 이 경우 무한대 빼기 무한대는 3이 됩니다.

당신은 사물에 대한 실제적인 무한 수의 개념이 어떤 모순적인 결과를 가져 오는지 이해가 됩니까? 첫 번째 경우 무한대 빼기 무한대는 0이 되었습니다. 두 번째 경우, 무한대 빼기 무한대는 무한대가 되었습니다. 세 번째 경우 무한대 빼기 무한대는 3이 되었습니다. 각각의 경우 우리는 동일한 수(무한대)에서 동일한 수(무한대)를 뺐지만, 동일하지 않은 결과를 얻었습니다.

그것은 바로 실제적인 무한대 개념은 오직 우리의 정신에

▶▶▶ **무한하신 하나님?**

만약 우주가 무한하다는 개념이 불합리한 결론을 도출했다고 한다면, 하나님께서 무한하다는 개념은 어떻게 생각되어야 하는가? 수학적 추론은 영원하신 하나님에 대한 개념 역시 자동적으로 제거하는가?

크레이그 교수는 아니라고 말한다. "수학적 추론은 과거의 시간을 무한히 지속해 오신 하나님에 대한 개념을 제거합니다. 그러나 시간과 공간은 폭발(big bang)이 시작되었을 때 하나님께서 창조하신 것들입니다. 만약 당신이 시간이 창조되기 이전으로 돌아간다면 거기에는 단순한 영원(eternity)만이 있을 것입니다. 제 말은 영원은 시간을 초월한 개념이라는 점입니다. 영원하신 하나님께서는 시간을 초월해 계시는 존재입니다. 하나님께서는 창조의 순간에 이르기까지 무한히 긴 시간을 지속해 오신 것이 아닙니다. 하나님께서는 시간을 초월하십니다."

만 존재하기 때문입니다. 수학자들은 특정한 규칙 안에서 작업할 때, 개념적 영역 안에서 무한 양과 무한 수를 다룰 수 있게 됩니다. 하지만 그들이 다루고 있는 것들은 실제 세상에서 일어날 수 있는 것들이 아닙니다. 이것이 중요한 점입니다.

이 예증의 요점은 당신은 과거에서 무한 수의 사건을 가질 수 없었다는 것입니다. "구슬"을 "과거의 사건들"로 대체해

빅뱅을 찾아서

1915년
알버트 아인슈타인(Albert Einstein)은 일반상대성이론을 발견했다. 그는 자신의 방정식을 사용하여 분석했을 때, 우주는 바깥 쪽으로 폭발하거나 안쪽으로 폭발해야만 한다는 사실을 발견하고 충격을 받았다. 그래서 그는 우주가 안정적인 상태로 유지되는 것처럼 보이기 위해 인수를 삽입하여 자신의 방정식을 조정했다.

1915년   1920년

1920년
러시아의 수학자 알렉산더 프리드만(Alexander Friedman)과 벨기에의 천문학자 조지 리메트르(George Lemaitre)는 우주가 팽창하고 있음을 예측하는 모델을 개발했다. 이것은 만약 우리가 시간을 거슬러 올라가 본다면 우주는 단일한 기원을 가지고 있고 그 이전에는 존재하지 않았음을 의미한다. 천문학자 프레드 호일(Fred Holye) 경은 냉소적인 말로 이것을 빅뱅(Big Bang)이라 불렀는데 그것이 공식적인 이름으로 굳어져 버렸다.

28 청소년을 위한 창조 사건

보십시오. 그러면 당신은 모순적인 결과가 생겨난다는 것을 알게 될 것입니다. 그러므로 우주는 자신의 과거에서 무한 수의 사건들을 가질 수 없습니다. 우주는 시작을 가질 수밖에 없는 것이죠.

과학적 증거

나는 또한 우주는 시작을 가지고 있다는 것에 대한 과학적

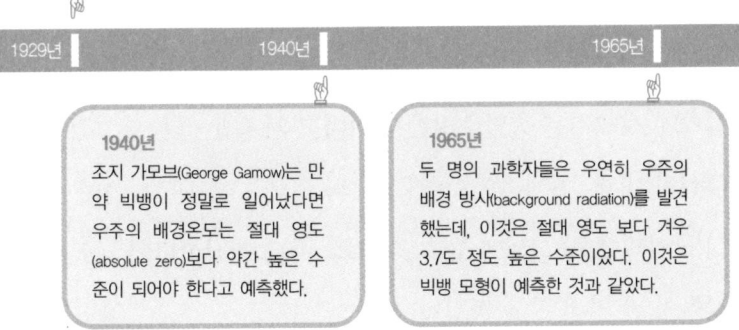

1929년
미국의 천문학자 에드윈 허블(Edwin Hubble)은 먼 은하계에서 우리에게 오는 빛이 원래의 빛깔보다 더 붉게 나타난다는 사실을 발견했다. 그는 이 "붉은색의 변화"가 은하계가 우리로부터 멀어지고 있고 우주가 팽창하고 있다는 사실 때문에 일어난 결과라고 설명했다.

1940년
조지 가모브(George Gamow)는 만약 빅뱅이 정말로 일어났다면 우주의 배경온도는 절대 영도(absolute zero)보다 약간 높은 수준이 되어야 한다고 예측했다.

1965년
두 명의 과학자들은 우연히 우주의 배경 방사(background radiation)를 발견했는데, 이것은 절대 영도 보다 겨우 3.7도 정도 높은 수준이었다. 이것은 빅뱅 모형이 예측한 것과 같았다.

증거들을 살펴보았다. 오늘날 거의 대부분의 과학자들은 우주가 항상 존재해 왔던 것이 아니라 빅뱅과 함께 시작되었다고 믿는다. ("빅뱅을 찾아서"라는 박스를 참고하라) 빅뱅 이론은 과학적 자료를 통해 일관되게 증명되어 왔다. 의문의 여지 없이 빅뱅 모형은 확실한 과학적 신임을 얻게 되었다.

과학적 자료는 "존재하기 시작한 모든 것은 원인을 가지고 있다", "우주는 존재하기 시작했다"라는 칼람 논증의 1단계, 2단계 전제를 뒷받침해주는 것처럼 보인다. 이제 남은 것이라고는 칼람 논증의 결론과 그것으로부터 파생된 논리적이지만 절대적으로 불완전한 암시들뿐이다.

3단계: 그러므로 우주는 원인을 가지고 있다

무신론자 카이 닐슨(Kai Nielsen)은 이렇게 말했다. "당신이 갑자기 시끄러운 폭발소리를 들었다고 가정합시다 … 그리고 당신이 내게 '이게 무슨 소리죠?'라고 묻는데, 내가 '아무 소리도 아니에요. 그냥 나는 소리에요'라고 대답한다면 당신은 납득이 잘 가지 않을 것입니다."[6]

당연히 닐슨의 말은 옳다. 그리고 그처럼 작은 폭발에도 원인이 필요하다면 많은 과학자들이 주장하듯이 당연히 대폭발

▶▶▶ 빅뱅: 기독교인들에게 좋은 소식인가? 나쁜 소식인가?

아마도 당신은 빅뱅 이론은 하나님께서 세상을 창조하셨다는 성경의 계시와 모순된다고 믿기 때문에 빅뱅 이론에 관한 증거를 부정하는 기독교인들을 접해 보았을 것이다. 하지만 성경을 믿는 기독교인들이라 할지라도 좋은 의미에서 이 문제에 관해 다른 관점을 가질 수 있다.

예를 들어, 크레이그는 빅뱅은 하나님의 존재를 증명하기 위한 가장 그럴듯한 근거들 중 하나라고 믿는다.

더불어 천체물리학자 C. J. 아이샴(Isham)은 이렇게 말했다. "유신론(하나님에 대한 믿음)을 지지하는 빅뱅 이론은 무신론적 입장을 가지고 빅뱅 이론을 환영했던 일부 물리학자들에게 분명 불쾌감을 주었을 것입니다. 아마도 이것은 최고의 논쟁거리일 것입니다."[7]

불가지론자였던 천문학자 로버트 제스트로(Robert Jastrow)는 비록 자세한 설명에서는 차이가 있지만, 다음과 같은 입장을 나타냈다. "천문학적 설명과 창세기에 기술된 설명의 본질적인 요소는 동일합니다. 인간 창조로까지 이어진 연속적인 사건들은 빛과 에너지가 번쩍인 분명한 시간적 순간에 갑자기 그리고 날카롭게 작동되었습니다"[8]

아마도 당신은 다음과 같이 쓰여진 스티커 문구를 본적이 있을 것이다. "빅뱅 이론: 하나님께서 말씀하셨다. 그러자 대폭발이 일어났다!" 이것은 매우 단순한 글귀이지만, 틀리지 않은 메시지를 담고 있어 보인다.

빅뱅에도 원인이 필요하다. 많은 사람들이 얻은 논리적인 결론은 과학은 '창조자가 우주를 존재하게 했다'는 성경의 설명을 확인하고 있다는 것이다.

    과학적 증거들을 살펴본 후, 나는 어떤 원인이 빅뱅을 일으켰다는 것에 동의했다. 하지만 나의 동의가 그 원인이 하나님이라고 단정한다는 의미는 아니었다. 그래서 나는 특별히 한 가지 점을 탐구하고 싶었다. 그것은 바로 일련의 과학적 증거들이 창조자를 기독교인들이 믿는 것처럼 인격적인 존재로 제시하고 있는가 아니면 뉴에이지 신봉자들이 내세우는 것처

▶▶▶ **인플레이션(초팽창) 우주이론이란 무엇인가?**

인플레이션 이론에 따르면, 우주는 그 역사의 아주 초기에(생성되자마자) 엄청난 가속도의 팽창을 경험하면서 아원자 입자의 크기는 포도알만한 크기로 커졌다. 이후 이것은 오늘날 우리가 관찰하는 것처럼 상대적으로 완만한 팽창으로 자리를 잡았다.

어떤 사람들은 혹시 이 이론이 창조에 관한 주장에 손상을 입히는 것은 아닌지 궁금해 한다. 하지만 추측하건대 이 팽창의 과정은 빅뱅이 생긴 후 100만 분의 1초 만에 일어났기 때문에 이것은 우주의 기원 문제에 아무런 실제적인 영향을 미칠 수 없다.

럼 비인격적인 힘으로 제시하고 있는가 하는 것이었다.

●● 인격적 창조자

나는 크레이그 박사에게 인격적 창조자에 관한 질문을 던졌다. "박사님께서는 우주가 생겨난 데에는 원인이 있다는 논증을 해주셨습니다. 하지만 그 원인이 살아있(였)을지 또는 의식이 있(었)을지 어떻게 입증할 수 있습니까?"

그는 그것은 두 가지 형태로 설명될 수 있다고 말했다. 그것은 과학적 설명과 인격적 설명이다. ("참고" 박스를 보라)

예를 들어 당신이 부엌으로 들어와 레인지 위에서 끓고 있는 주전자를 보았다고 가정하자. 당신은 이렇게 질문한다. "주전자가 왜 끓고 있죠?" 당신의 어머니께서는 이렇게 대답하실지 모른다. "왜냐하면, 불꽃의 운동 에너지가 주전자의 금속 바닥을 통해 물로 전도되어, 물 분자들

참고_

*과학적 설명은 어떻게 선재하는 조건들과 자연법칙들이 어떤 것의 원인이 되는지를 설명한다.
*인격적 설명은 어떻게 행위자 또는 행위자의 의지가 어떤 것의 원인이 되는지를 설명한다.

이 증기의 형태로 튀어나갈 때까지 점점 더 빨리 진동하기 때문이란다" 이런 것을 과학적 설명이라고 할 수 있다. 이것은 물을 끓게 만드는 자연 법칙을 설명한다.

아니면 이렇게 대답하실 수도 있다. "차를 한 잔 마시려고 주전자를 올려 놓았단다" 이런 것을 인격적 설명이라고 할 수 있다. 이것은 당신의 어머니에 대한 상태와 차를 마시겠다는 그녀의 결심을 설명한다. 두 가지 설명은 모두 타당하지만 사건을 다른 방식으로 설명한다.

지금까지는 매우 좋았다. 그런데 그것과 우주론이 어떤 관련을 가지고 있다는 말인가?

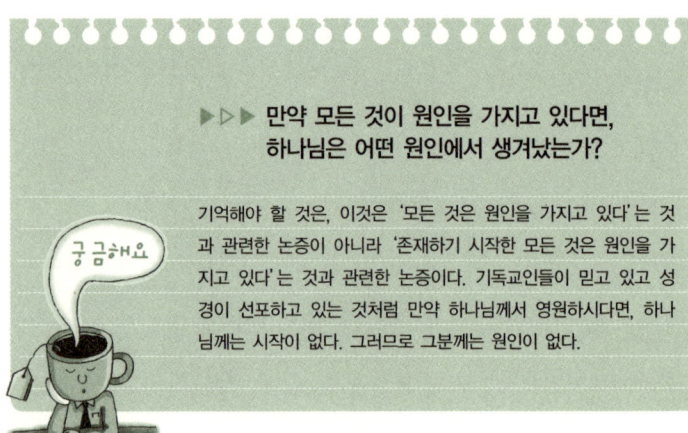

▶▶▶ **만약 모든 것이 원인을 가지고 있다면, 하나님은 어떤 원인에서 생겨났는가?**

기억해야 할 것은, 이것은 '모든 것은 원인을 가지고 있다'는 것과 관련한 논증이 아니라 '존재하기 시작한 모든 것은 원인을 가지고 있다'는 것과 관련한 논증이다. 기독교인들이 믿고 있고 성경이 선포하고 있는 것처럼 만약 하나님께서 영원하시다면, 하나님께는 시작이 없다. 그러므로 그분께는 원인이 없다.

크레이그 박사와 심화된 토론을 하면서 나는 과학적 설명으로는 우주의 최초 상태를 설명할 수 없음을 알게 되었다. 왜냐하면 그것이 최초 상태이기 때문에 그것의 원인이 되었다고 하는 더 이전의 상태와 자연법칙의 관점으로는 그것을 설명할 수 없는 것이다.

그래서 만약 우주의 최초 상태에 대한 적절한 설명이 주어져야 한다면, 그것은 인격적 설명이 되어야 한다. 즉 우주를 창조할 의지를 가진 행위자에 관한 설명이어야 할 것이다.

창조자는 오늘날까지 살아있는가?

비록 우주의 원인이 인격적 존재라 할지라도 그 창조자가 오늘날까지 살아 있다고 장담할 수는 없다. 아마도 그는 우주를 가동시킨 후 존재하는 것을 멈추어 버렸는지도 모른다.

그럼에도 불구하고 나는 창조자가 오늘날까지 여전히 존재하고 있을 가능성이 크다는 결론을 내렸다. 결국 창조자는 우주를 초월해 있고, 그가 창조한 자연법칙 너머에 존재한다.

그래서 자연법칙 안에 있는 그 어떤 것이 창조자를 소멸시킬 수는 없을 것 같아 보인다. 또한 과학은 우리에게 다른 몇 가지의 단서들을 제공한다. 이 책의 나머지 부분에서 살펴보겠지만, 많은 과학자들은 창조자가 우주를 만들어 낸 이후 계속해서 그 우주에 관여해 왔다는 증거들이 많다고 생각한다. 예를 들어 창조자는 우주를 창조한 다음 최초의 생명체를 창조했다. 그리고 그 최초의 생명체 안에 존재하는 고도의 정보내용들은 창조자가 얼마나 위대한 지적 설계를 통해 그것을 만들었는지를 보여주는 강력한 증거이다.

게다가 기독교인들은 이 창조자가 침묵한 채 있지 않고 나사렛 예수의 인격과 사역과 부활 안에서 자신을 계시했다고 믿는다. 만약 그것이 사실이라면 그 창조자는 지금도 여전히 살아있고 역사 안에서 일하고 있다.

그런데 그것이 사실인가? 과학은 우리에게 그것이 사실인지 아닌지를 분명히 말해 줄 수 없다. 하지만 우리는 과학 이외의 증거들을 통해서도 창조자가 여전히 존재하고 있다는 사실을 자유롭게 살펴볼 수 있다. 우리는 예수님께서 정말로 하나님의 독생자라고 주장하셨고 부활을 통해 그것을 증명해

주셨다는 사실을 역사적 확증을 통해 살펴볼 수 있다. (이러한 사실들을 스스로 평가하기 위해 나의 책 「예수는 역사다」 *The Case for Christ*를 읽어보기 바란다)

그 외에도 창조자가 여전히 우리의 기도에 응답하는지, 여전히 우리의 삶을 변화시키는지 등을 살펴볼 수 있다. 아내가 기독교인이 되었을 때 내가 목격한 그녀의 변화된 삶 역시 좋은 증거가 될 수 있다. 그리고 그것을 통해, 내가 처음으로 하나님께서 인격적 존재일 수도 있다는 가능성을 생각하게 된 것 역시 좋은 증거가 될 수 있다.

창조자를 진지하게 고찰한 이상, 나는 학생시절 나를 하나님에 대한 불신앙으로 이끌었던 진화론적 주장을 다시 한 번 더 검토하지 않을 수 없었다. 학생시절 내가 도달했던 무신론적 결론들은 지금도 여전히 유효한가? 나는 그것을 파헤칠 준비가 되었다.

더 깊이 공부하려면

- 윌리엄 레인 크레이그 〈합리적인 믿음 *Reasonable faith*〉
- 노만 게슬러, 터크 프랭크 〈나는 무신론자가 될 만큼의 충분한 믿음이 없다 *I don't have enough faith to be an atheist*〉

3장

진화론 탐구 : 오래된 사상을 새롭게 바라보기

질문: 다음 사람들의 공통점은 무엇인가?

- 노벨상 후보자인 화학자 헨리 F. 셰이퍼(Henry F. Schaefer)
- 라이스대학교 나노 과학기술연구소의 제임스 투어(James Tour)
- 예일대학교 대학원의 세포 분자 생리학 교수인 프레드 피그워스(Fred Figworth)
- 계량 양자 화학 센터의 책임자
- 수 많은 생물학자, 화학자, 동물학자, 물리학자, 인류학

자, 분자 및 세포 생물학자, 생체공학자, 유기화학자, 지질학자, 천체물리학자, 그리고 캠브리지, 스탠포드, 코넬, 예일, 로체스터, 시카고, 프린스턴, 퍼듀, 듀크, 미시간, 시라큐스, 템플, 캘리포니아 버클리와 같은 저명한 대학에서 박사학위를 받은 과학자들

대답: 이 모든 사람들은 진화론에 대해 회의적이다.[1]
  내가 고등학교와 대학교를 다니면서 진화론을 공부할 때까지만 해도 이 진화론이 생명의 복잡성과 다양성을 충분히 설명해 주고 있는가를 심각하게 의심하는 저명한 과학자들이 있는지조차 몰랐다. 나는 오직 목사들만이 과학에 대해 아무것도 모르면서 진화론이 성경과 상치된다는 이유를 내세워 진화론을 반대하고 있는 줄로만 알고 있었다.

▲△▲ 진화에 대한 정의들

사람들은 진화에 관한 자기 나름대로의 정의를 가지고 있다. 여기에 진화에 관한 세 가지 언어적 정의를 소개한다. 우리가 이 장을 통해 살펴볼 것은 바로 세 번째 정의(다윈주의 또는 신다윈주의)이다.

정의	예시	과학자들은 이해 동의하는가?
시간의 경과에 따른 변이	중세 시대 이후, 현대에 이르기까지 인간의 영양공급과 건강관리는 개선되었으며, 이로 인해, 인간의 평균신장은 커졌다.	동의한다 : 시간의 경과에 따른 생물학적 변이는 타당하다고 여겨진다.
변형된 후손	황인 어머니와 백인 아버지 사이에서 태어난 아이는 두 인종의 특징을 모두 가질 수 있다.	동의한다 : 이것은 일반적인 생물학적 재생산 과정에서 일어날 수 있는 일로 여겨진다.
다윈주의 : 모든 생물들은 공통의 조상으로부터 나와 변형된 후손들이다. 이 변형은 무작위적인 유전적 돌연변이에 작용하는 자연 선택의 결과이다.	인간과 날파리의 초기 조상은 일반 존재이다.	동의하지 않는다 : 모든 과학자들이 모든 생물들이 단일한 조상을 가지고 있고 진화의 원인이 완전 무작위이라는 다윈주의의 주장을 타당하다고 여기지는 않는다.

3장 진화론 탐구 : 오래된 사상을 새롭게 바라보기 41

진화의 이미지들

나는 어떤 것을 시각화하여 생각하는 경향이 있다. 이미지들은 오랜 시간 머리에 잘 저장된다. 학생시절을 회상해볼 때, 나는 수업 시간에 배운 내용들과 수업 이외의 시간에 열심히 읽었던 책의 내용들을 일련의 이미지로 정리하곤 했다.

나는 내게 특별한 영향을 미쳤던 몇 가지 이미지들을 소개하고자 한다. 내가 중학생 때, 교실에서 처음 진화론을 접한 시점 이후로도 과학자들은 수많은 것들을 발견해 왔다. 그렇다면 현대의 과학적 연구들은 내가 중학생 때 도달했던 결론들을 반박하고 있는가 아니면 지지하고 있는가?

이미지 1: 밀러의 실험

내 머리 속에 가장 강렬하게 자리 잡은 이미지는 시카고 대학원생이었던 스탠리 밀러(Stanley Miller)가 1953년 원시 지구의 대기 상태를 재현하기 위해 사용한 실험 기구들이다. 밀러는 그 대기 상태 안에 전기 충격을 가해 번개 불을 만들어 냄으로써 생명의 기본 골격을 이루는 몇 가지 종류의 아미노산을 포함한 붉은색의 끈적이는 물질을 가까스로 생성해냈다.

　이 실험은 만약 생명이 창조자의 관여 없이도 생겨날 수 있다면 하나님은 필요 없게 된다는 의미를 함축하고 있다.

　하지만 분명히 짚고 넘어가야 할 것은 밀러의 실험이 타당한 의미를 부여 받기 위해서는 그가 원시 지구의 환경을 정확히 재현한 원시 대기를 사용했는가가 밝혀져야 한다. 당시 밀

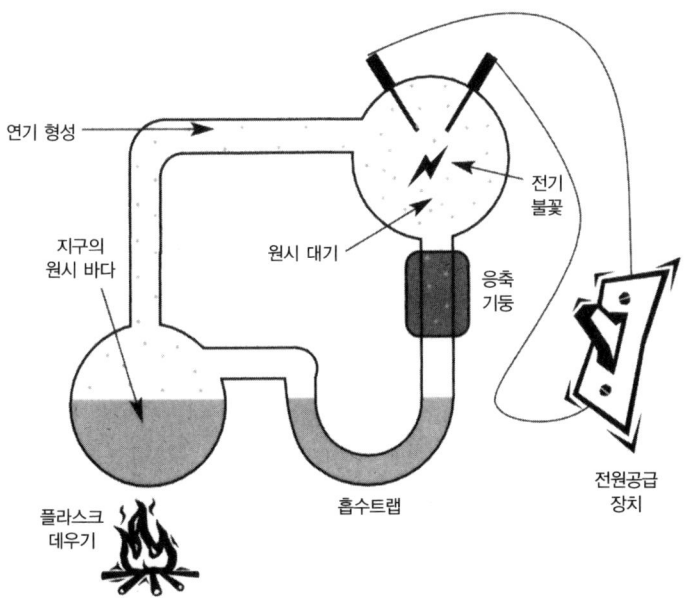

러는 자신의 박사과정 지도교수이자 노벨상 수상자인 헤롤드 유레이(Herold Urey)의 대기 이론에 크게 의존하고 있었다. 하지만 오늘날 과학자들은 밀러가 사용했던 대기는 원시 지구의 대기와는 전혀 다를 것이라는 일치된 의견을 보이고 있다. ("지구의 원시 대기: 과학의 변화된 관점"을 참고하라)

나는 오늘날 과학자들이 정확한 원시 지구의 대기일 것이라고 확신하는 것을 가지고 실험을 한다 해도 아미노산은 물

지구의 원시 대기: 과학의 변화된 관점

1953년
밀러는 자신의 실험에서 메탄, 암모니아, 수증기의 혼합물 즉, 수소가 많이 함유된 혼합물을 선택했다. 왜냐하면 당시 과학자들이 원시 지구의 정확한 대기 상태일 것이라고 여겼기 때문이다.

1953년 | 1966년

1966년
국립과학협회 회보는 이렇게 언급했다. "원시 지구의 대기가 메탄과 암모니아로 구성되었다는 증거가 있는가? 대답은 그에 대한 증거는 없고, 그에 반하는 증거는 많다는 것이다.[2]

론 생명을 진화시킬 수 있다고 말하는 그 어떤 물질들도 얻을 수 없다는 사실을 발견했다. 한때 무신론을 대단히 신봉하고 있었던 내게 밀러의 실험은 과학에 대한 순진한 믿음을 약화시켰다.

1975년
벨기에의 생화학자 마르첼 플롤킨(Marcel Florkin)은 밀러의 원시 대기 이론 배후의 개념들은 폐기되었다고 선언했다.[3]

1995년
〈사이언즈〉지는 이런 기사를 실었다. "원시 대기는 밀러와 유레이가 상정한 것과 전혀 달라 보이기 때문에 현대 전문가들은 밀러의 실험을 내버리고 있다"[5]

| 1975년 | 1977년 | 1995년 |

1977년
선도적인 생명기원 연구자인 클라우스 도스(Klaus Dose)와 시드니 폭스(Sidney Fox)는 밀러는 잘못된 가스 혼합물을 사용했다고 확증했다.[4]

이미지 2: 다윈의 생명계통수

다윈은 모든 생물은 공통의 조상을 가지고 있다는 자신의 이론을 설명하기 위해 「종의 기원」에 "생명계통수(tree of life)"를 그려 넣었다. 고대의 조상들이 맨 밑바닥에서 출발하는 그 나무는 위쪽을 향해 끊임없이 가지를 쳐가면서 다양하고 복잡하게 확장되어 가는 생명의 진화를 보여주고 있다.

내 생각에, 같은 종에 속한 서로 다른 동물들 안에서의 변이는 있을 수 있다. 왜냐하면 이것은 우리가 주변에서 볼 수 있는 모습이기 때문이다. 예를 들어, 우리는 서로 다른 여러 형태의 개들을 보고 있다. 한 가지 종의 동물과 식물 안에서 변이가 일어나는 것은 부인할 수 없는 사실이다. 우유의 생산 능력 배양을 위해 소의 품종이 개량되는 것과 박테리아가 항생물질에 대한 면역성을 개조하고 개선하는 것은 이것을 잘 설명해 준다. 과학자들은 이것을 "소진화(micro-evolution)"라고 부른다.

나는 단순한 단세포 유기체로 시작된 생명이 오랜 세월을 거치는 동안 돌연변이(우연한 변화)와 자연선택(종들의 생존을 돕는 변화)을 통과하면서 인간을 포함한 모든 종들(species)이 되었다는 다윈의 주장에 매력을 느꼈다.

다윈주의자들은 종들 안에서의 관찰(예를 들어, 박테리아가 약제를 억제하는 형태로 진화될 수 있다는 사실)을 근거로 교차 종들 안에서도 진화가 일어날 수 있다는 이론을 내놓았다. 다시 말해, 물고기는 마침내 양서류로, 양서류는 파충류로, 파충류는 새와 포유류로 변형된다는 것이다. 인간 또한 유인원과 똑같은 조상을 가진다는 것이다. 과학자들은 이러한 이론을 "대진화(macro-evolution)"라고 부른다.

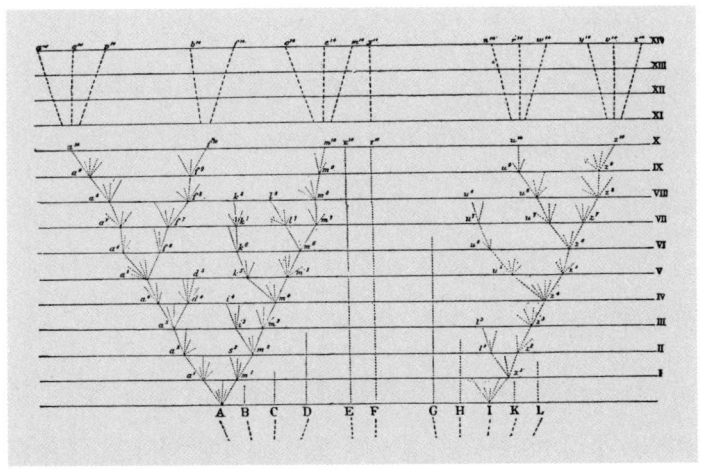

> **참고_**
>
> **소진화** 한 가지 종류의 동물 안에서 점진적인 변화가 일어나는 것 (예를 들면, 시간이 경과함에 따라 여러 형태의 개들이 출현하는 것)
>
> **대진화** 한 가지 종류의 동물이 다른 종류의 동물로 점진적으로 변화하는 것 (예를 들어, 시간이 경과함에 따라 물고기가 양서류와 파충류로 변화하는 것)

물론, 어느 정도 수준에서 후손들이 공통의 조상을 가진다는 말은 사실이다. 누구도 그것을 부인하지는 않는다. 세대를 거슬러 추적해 보면, 우리는 날파리들의 조상이 한 가지 종류였음을 알 수 있다. 단일 종 안에서 공통 조상이 있었음은 직접적으로 관찰된다. 또한 모든 고양이 종류의 동물들 즉 호랑이, 사자 등이 동일한 조상으로부터 유래되었다는 말도 가능하다. 과학자들도 이러한 사실은 증명할 수는 없지만 생각해볼 수는 있다고 말한다.

그렇다면 고등한 수준에서도 공통 조상 이론은 사실이라고 할 수 있는가? 다윈의 이론은 같은 종류의 생물이 오랜 시간 점진적인 변화를 거치면서 그 차이점이 점점 더 심해지고 마침내 오늘날 우리가 눈으로 보듯이 완전히 다른 종류의 생물이 된다고 주장한다. 하지만 화석 기록들은 다윈의 주장과 정반대의 사실을 보여준다. 심지어 다윈이 살았던 시대에서도 말이다. 다윈은 생물이 천천히 진화했다고 주장했지만,, "캄브리아기 폭발"이라고 불리는 화석 기록에 의하면, 주요한 동물군들은 갑자기 출현했다.

캄브리아기 폭발이 무엇을 시사하는지 알아보자. 당신이 미식축구 운동장의 한쪽 골 라인에 서 있다고 상상해보라. 그 라인은 첫 번째 화석 즉, 단세포 미생물 화석을 나타낸다. 이제 당신은 운동장 안으로 들어가기 시작한다. 당신은 20야드 라인, 40야드 라인, 중앙선을 지나 반대쪽 골 라인을 향해 계속해서 걸어간다. 그 시간 내내 당신이 본 모든 것들은 이 미

▶▶▶ **다윈주의의 정의**

어떤 사람들은 진화를 그저 시간의 경과에 따른 변화 정도로 이해하면서 진화를 논한다. 만약 그런 정도가 다윈주의의 전부라면 그 어떤 논쟁도 일어나지 않았을 것이다. 왜냐하면 시간의 경과에 따라 생물학적 변화가 일어나는 것은 사람들이 모두 동의하는 사실이기 때문이다.

다윈주의와 신다윈주의는 그보다 훨씬 많은 것을 주장한다. 이 이론은 살아있는 모든 생명체들은 먼 과거에 살았던 하나의 조상의 후손으로써 변형의 변형을 거쳐 오늘에 이르렀다고 주장한다. 다윈주의에 의하면, 새롭게 생겨난 모든 종류의 생물들은 무작위적인 유전적 돌연변이에 작용하는 자연선택의 결과로써 설명될 수 있다.

생물 단세포 화석들뿐이다.

  그런데 60야드 라인을 지나 운동장의 끝부분에 다다르자 당신은 약간의 해면동물들과 해파리들과 벌레들의 화석을 보게 된다. 그리고 나서 당신이 한 걸음을 더 내디디자 갑자기 펑! 하는 소리와 함께 세상에 존재하는 40가지 생물종족들 중 최소한 20개에서 많게는 35개의 종족들과 동물의 왕국에서 가장 고등한 범주에 있는 동물들이 갑자기 완전한 형태를 갖

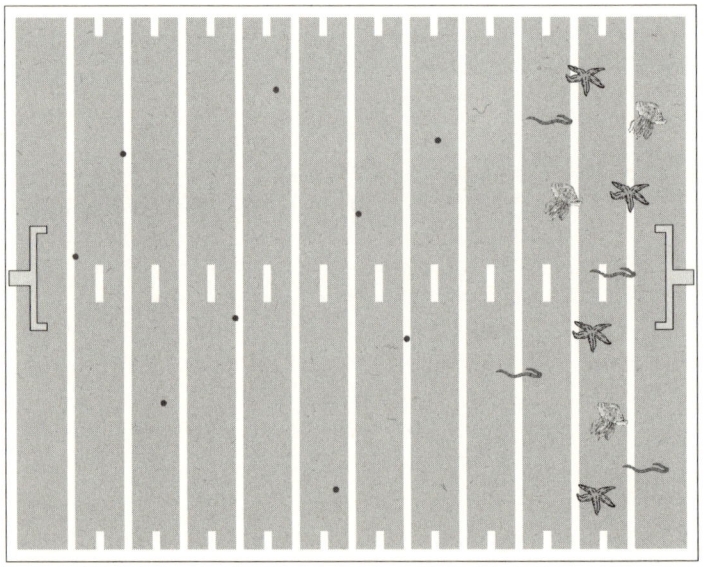

춘 채 나타난다. 다윈주의자들이 필요하다고 말한 그 어떤 조상의 역할도 없이 말이다. 이것은 너무나 짧은 시간에 일어난 폭발이다. 만약 지구의 모든 역사를 24시간으로 압축한다면, 캄브리아기 폭발은 단 일 분에도 해당하지 않을 것이다. 어떤 전문가들은 "아마도 모든 생물종족들은 폭발의 결과로서 생겨났을 것이다" 라고 생각했다.[6]

지금은 그 누구도 이것을 가지고 천천히 가지를 뻗는 나무라고 부를 수 없게 되었다. 심지어 다윈의 이론이 전반적으로 옳다고 생각하는 일부 고생물학자들도 이것을 나무라기 보다는 잔디라고 부른다. 왜냐하면 따로 분리된 풀잎들이 갑자기 싹을 내었기 때문이다. 중국의 한 고생물학자는 캄브리아기 폭발은 실제적인 차원에서 다윈의 나무를 거꾸로 세워 놓았다고 말한다. 왜냐하면 동물들의 탄생 역사에서, 주요 동물들이 가장 먼저 등장했기 때문이다. 다시 말해 다윈이 가장 늦게 생긴 동물이라고 말한 나무의 꼭대기에 있었던 동물이 가장 먼저 생겨 났다는 것이다.

다윈의 나무는 진화론이라는 재미있는 이론을 잘 묘사해 놓고 있다. 하지만 화석 자료가 제공하는 바에 의하면 이것은 정확한 묘사가 아니다. 우리는 모든 생물이 동일한 조상을 공유한다는 것에 대한 그 어떤 증거도 찾을 수 없다. 다음에 소개할 이미지 역시 내가 학생시절 무신론을 옹호하게 만든 것이었다.

이미지 3: 헤켈의 배아발생도

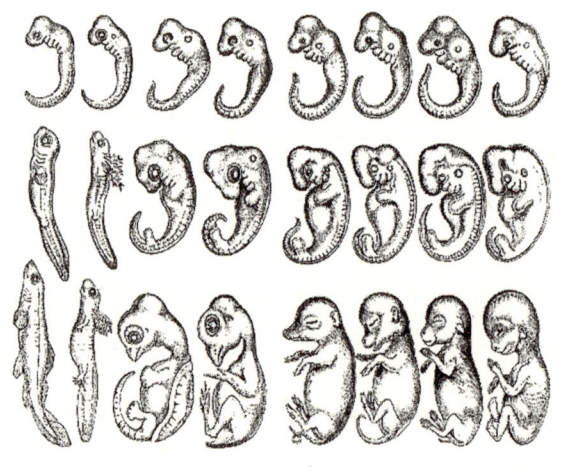

에른스트 헤켈(Ernst Haeckel)은 19세기 독일의 생물학자이다. 그의 가장 유명한 그림은 물고기, 도롱뇽, 거북이, 닭, 돼지, 소, 토끼, 인간의 배아를 세 개의 발달 단계로 구분하여

나란히 묘사하고 있다.

학생시절 나는 이 그림을 처음 접하자마자 그것에 매혹되었다. 나는 그것들의 최초 배아 상태를 비교해 보았다. 나는 그것들의 최초 배아 상태를 종류에 따라 이리저리 살펴보았는데, 신기하게도 너무나 비슷해 보였다. 나는 정신을 가다듬고 그것을 다시 한 번 살펴보았다. 하지만 모든 생물은 공통의 조상을 가진다는 다윈의 설명 외에는 이 그림에 대한 논리적 설명은 없어 보였다. (공통 조상에 대해 좀 더 알고 싶다면 "베라의 실수" 라는 박스를 참고하라)

하지만 나는 나중에 제대로 된 설명을 듣고서야, 이것이 괴상하기 그지없는 그림이었다는 사실을 알게 되었다.

날조된 그림

나는 캘리포니아 버클리대학에서 분자 및 세포 생물학으로 박사학위를 받은 과학자 조나단 웰스(Jonathan Wells)로부터 실제적인 설명을 들을 수 있었다. 그는 박사 과정 동안 바로 헤켈이 그림으로 묘사한 것 즉, 원시 척추 동물의 발생과 진화에 초점을 맞추었다고 한다.

▶▶▶ 베라의 실수

혹시 당신은 박쥐의 날개, 돌고래의 지느러미, 말의 다리, 인간의 손 뼈 구조를 비슷하게 그린 그림을 본 적이 있는가? 나는 비록 이 뼈들이 서로 다른 용도를 위해 적응되어 왔지만, 그것들 사이에 근원적인 유사성이 있음은 그것들 모두가 동일한 조상을 가진다는 증거라고 배워왔다.

1999년, 팀 베라(Tim Berra)라는 생물학자는 화석 자료를 자동차 모델 시리즈에 비유하여 이 점을 설명하려 했다. 1953년 형과 1954년 형 코르벳을 나란히 놓고 비교해보고, 그런 후 1954년 형과 1955년 형 코르벳을 나란히 놓고 비교해보라. 이후에도, 이와 같은 년도별 비교작업을 계속해보라. 그러면 "변형의 계승" 또는 진화의 형성이 명백히 있었음을 알게 될 것이다. 그는 이것이 바로 고생물학자들이 화석을 가지고 하는 일이라고 말했다.

본의 아니게 베라는 오히려 다음 단계로 갈수록 그 형태가 조금씩 변하는 것이 필연적으로 자연 진화를 가리키는 것은 아니라는 점을 증명해주고 말았다. 즉 모든 연식의 코르벳은 바람, 비, 먼지와 같은 자연적인 영향을 통해 스스로 진화한 것이 아니라 의도적으로 그것들의 구조를 창조하고 변형한 설계자에 의해 형태를 부여받은 것이다.

베라의 이 설명은 이제 "베라의 실수"라고 불려진다. 왜냐하면 그의 설명은 자연적인 진화가 일어났을 것이라는 가능성 보다 오히려 지적인 설계자가 있었을 것이라는 가능성을 더 많이 보여주고 있기 때문이다.

웰스는 내게 이렇게 말해 주었다. "저는 대학원에서 연구를 시작하고서야 헤켈이 그린 배아발생도와 실제 사진들을 비교해볼 수 있었습니다. 그리고 곧 생물들의 초기 배아 상태가 닮게 그려진 것이 조작이라는 사실을 알게 되었습니다."

"조작이라구요? 그게 정말입니까?" 나는 그렇게 물어보지 않을 수 없었다. 학생시절 내가 신뢰하던 책들이 이토록 뻔뻔스럽게 나를 속였다니 도저히 납득이 가지 않는 일이었다.

"당신은 그 그림이 날조되었다, 왜곡되었다, 오도되었다고 표현해도 무방합니다. 어쨌든, 그 그림은 결과적으로 조작된 것입니다." 그는 이렇게 말을 이었다. "이건 분명한 사실인데요, 어떤 경우 헤켈은 다른 종류의 배아를 하나의 목판에 찍어내기도 했습니다. 왜냐하면 그는 자신의 이론을 너무 자신한 나머지 서로 다른 생물의 배아들을 분리하여 그릴 필요조차 없다고 생각했기 때문입니다. 이건 또 다른 경우인데요, 그는 생물의 배아들이 실제보다 더 비슷하게 보이게 하기 위해 그것들을 손질하여 조작하기도 했습니다. 어쨌든 그의 그림들은 실제 배아들을 왜곡한 것이 분명합니다."

"정말 놀랍군요!" 나는 이렇게 물어보았다. "그 사실이 밝혀진 것은 언제인가요?"

"그것은 1860년대에 처음으로 폭로되었습니다. 헤켈의 동료들이 그를 사기꾼이라고 비난했을 때였죠."

나는 고개를 추켜 세우면서 이렇게 말했다. "잠깐만요. 저는 학생시절에, 그러니까 1960년대와 70년대에 제가 공부하던 책에서 이 그림을 보았는데요. 조작이라고 폭로된 지 100년이 넘었는데도 어떻게 그 그림이 여전히 교과서에 실릴 수 있었다는 말입니까? 참으로 납득이 가지 않는 일이군요."

"그러게나 말입니다!" 웰스는 이렇게 설명했다. "그 그림은 여전히 진화생물학 상급 과정 교과서에 수록되어 가르쳐지고 있습니다. 사실 저는 최근에 나온 10권의 교과서가 이 주제를 얼마나 정확히 다루고 있는지 분석하고 평가해 보았습니다. 그 중 8개는 F학점을 줄 수밖에 없었습니다. 나머지 두 개 역시 D학점 정도로 약간 나은 수준이었습니다.

"이 그림이 이렇게나 조작되었는데, 왜 과학자들은 수 세대에 걸쳐 학생들이 공부하는 교과서에 이 그림을 계속해서 실었던 거죠?" 나는 이렇게 묻지 않을 수 없었다.

그는 이렇게 대답했다. "가장 흔하게 제기되는 설명은 비록 그 그림이 틀렸다 할지라도 근본적으로 사실인 개념을 담고 있다는 것입니다."

웰스는 그의 책 「진화의 아이콘」*Icons of Evolution*을 집어 들고는 헤켈과 관련된 장을 펼쳐 보였다. "이 부분을 읽어보세요: 한 교과서는 헤켈의 그림과 설명에 대해 이렇게 언급합니다. '성체가 되었을 때에는 완전히 달라 보이는 동물들이 초기 발달 단계에서는 놀랍도록 유사해 보일 때가 많다.' 1999년에 나온 어떤 교과서는 헤켈의 그림을 약간 수정하여 올린 후 학생들에게 이렇게 말했습니다. '이 척추동물들의 초기 배아 상태가 서로 두드러지게 닮았다는 점에 주목하라.'7 하지만 이것은 사실이 아닙니다. 생물학자들은 서로 다른 생물의 배아들이 초기 단계에서 많이 닮아 있다는 설명이 사실이 아님을 알고 있습니다."

웰스의 설명은 학생 때 보았던 배아발생도 그림을 지금까지 믿어왔던 나를 바보로 느끼게 만들었다. 나는 진화 아이콘 게임의 희생자가 된 기분이었다. 하지만 어찌하랴. 진화론 교과서와 생물 선생님들이 했던 말을 너무나 무비판적으로 순진하게 믿어버린 내게 잘못이 있는 것을 말이다. 어쨌든 나는 내가 학생시절 보았던 네 가지 진화의 이미지들의 정체를 밝혀주는 웰스의 설명이 참 흥미롭게 느껴졌다. 이제 네 번째 진화의 이미지를 살펴보자. 이것은 한 때 다윈의 비판자들을 효과적으로 침묵시킨 선사시대 생물의 장엄한 화석이다.

이미지 4: 시조새, 잃어버린 연결고리

아마도 이것은 세계에서 가장 유명한 화석일 것이다. "시조새" 또는 "고대의 날개"라고 불리는 이것은 과학자들의 추정에 의하면, 1억 5천만 년 전에 살았던 생물이다. 이것은 현생 조류와 동일한 특징인 새의 날개, 깃털, 창사골을 가지고 있으면서 동시에 도마뱀의 꼬리처럼 생긴 것을 달고 있고 날개에는 발톱이 붙어 있기 때문에 파충류와 현대 조류 사이를 잇는 연결고리로 불린다.

하지만 얼마 후 나는 오늘날 과학자들이 시조새를 조류와 파충류의

연결고리로 보지 않고 고대에 멸종했던 수 많은 조류들 중 하나로 본다는 사실을 알게 되었다.[8] 오늘날에도 우리는 주변에서 오리너구리와 같은 이상한 형태의 동물들을 목격한다. 하지만 그 누구도 그것을 과도기적 동물로 여기지 않고, 자기만의 특성을 가진 별개의 동물로 본다. 심지어 파충류에서 조류로의 진화를 믿는 과학자들조차도 이러한 진화는 시조새가 등장한 후 백만 년이 지나서야 일어났다는 이론을 내놓았다. 그러니, 이 "잃어버린 연결고리"는 없었다고 해야 옳을 것이다. 그럼에도 불구하고, 실제로 조류의 파충류 조상을 찾았다는 최근의 한 연구는 과학계를 무안하게 만드는 결과를 낳고 말았다. 몇 년 전, 국립지리학회는 아리조나 광물 전시회에서 구입한 화석이 "잃어버린 연결고리" 즉, 육지에 사는 공룡과 실제로 날 수 있었던 조류 사이의 연결고리가 분명하다고 발표했다. 그것은 공룡의 꼬리와 새의 앞날개를 가지고 있었다. 1999년 그들은 이것의 이름을 알게오랩터(Archaeoraptor)라고 짓고 깃털 달린 공룡이 새의 조상임을 보여주는 결정적인 증거를 입수했다는 기사를 〈내셔널지오그래픽〉지에 실었다.

　문제는 그것이 조작이었다는 것이다. 누군가가 원시의 새

에다가 공룡의 꼬리를 붙였다는 사실을 중국의 고생물학자가 밝혀냈다.

　다음과 같은 단순한 질문은 과학자들을 참으로 난처하게 만든다. 당신은 어떻게 순전히 자연적 진화만으로 파충류가 조류로 변했다고 확신할 수 있는가? 그것들은 번식 체계, 골격 구조, 폐의 구조, 체중과 근육의 분포를 비롯하여 놀라울 만큼 엄청난 차이점을 가지고 있는데 말이다. 진화는 그에 대한 대답을 하지 못하고 있는 것처럼 보인다. 오히려 여러 가지 증거들은 설계자의 개입이 더 타당하다고 말해 주고 있다. (더 깊은 탐구를 위해 "베라의 실수"라는 박스를 참고하라)

이미지 5: 유인원에서 인간으로

　또 다른 그림 역시 내가 고등학생 시절 믿고 있었던 화석 증거를 잘 요약하고 있다. 그것은 바로 원숭이 같은 생물이 현대 인간으로 변화되는 과정을 그린 그림이다. 인간의 진화 과정을 잘 묘사한 이 그림은 1998년 판 『종의 기원』의 표지에서 영화 〈덤 앤 더머Dumb and Dumberer〉의 포스터에 이르기까지 우리들에게 매우 친숙한 이미지가 되었다.

어린시절, 세계백과사전에서 내가 가장 즐겨 찾아보았던 표제어들 중 하나는 "선사시대의 인간"이었다. 나는 일부는 원숭이이고 일부는 사람인 "자바인"에게 매료되었다. 백과사전은 네델란드의 과학자 유진 듀보이스(Eugene Dubois)가 1891년과 1892년에 인도네시아의 한 섬에서 발굴 작업을 하던 중 "강 하구에서 일부 뼈들을 찾아낸" 경위를 설명하고 있다. 그가 50만 년 이전에 살았을 것이라고 추정한 이 자바인은 작은 뇌를 가진 조상으로부터 현대인에 이르는 인간의 진화과정 속에서 한 단계를 차지하고 있다고 한다.9 듀보이스가 주장한 바에 따르면, 이 자바인은 원숭이와 인간 사이의 잃어버린 연결고리이다.10

나는 이 모든 것을 믿었다. 하지만 자바인에 관한 전체 이

3장 진화론 탐구 : 오래된 사상을 새롭게 바라보기

야기는 잘 모르고 있었다. 나중에 한 작가는 이런 글을 남겼다. "그리 잘 알려져 있지 않은 사실은 자바인은 한 개의 두개골, 한 개의 대퇴골(넓적다리뼈), 세 개의 이빨과 엄청난 양의 상상력으로 이루어졌다는 사실입니다"[11] 다시 말해, 어린시절 나를 그토록 사로 잡았던 그 자바인이 실제로 존재했다는 설명은 지독한 억측에 불과했다는 것이다.

▶▶▶ **만약 대진화가 사실이라면**

진화 생물학자이자 역사가인 코넬 대학교의 윌리엄 프로빈(William Provine)은 만약 대진화가 진실이라면, 다섯 가지의 피할 수 없는 결론들이 도출된다고 말했다.

1. 하나님에 대한 증거는 없다.
2. 죽음 이후의 생명은 없다.
3. 옳고 그름에 대한 절대적인 근거는 없다.
4. 인생의 궁극적인 의미는 없다.
5. 인간은 진정한 자유 의지를 가지고 있지 않다.[12]

열렬한 다원주의자들이 이런 결론을 내리는 것은 당연한 일로 여겨지기 때문에 그냥 내버려 두어야 하는가? 당신은 어떻게 생각하는가? 당신은 이 다섯 가지 결론들이 진실이라고 생각하는가? 아니면, 그것들 중 어떤 것들은 진실이 아니라고 의심하는가?

인간 진화에 대해 나름대로의 의견을 갖추기 시작한 시점에서도 여전히 나는 많은 사실을 모르고 있었다. 오늘날의 기준을 적용하면, 듀보이스의 조잡한 작업을 통해 발굴된 화석은 부적격 판정을 받았을 것이다. 왜냐하면 화석의 대퇴골은 분명 두개골과 조화를 이루고 있지 않았기 때문이다. 또한 캠

▶▶▶ **하나님께서는 진화를 사용하셨는가?**

어떤 과학자들과 신학자들은 다윈주의 이론과 기독교 교리를 함께 믿으면서도 전혀 갈등을 느끼지 않는 것처럼 보인다.

예를 들어, 생물학자 진 폰드(Jean Pond)는 자기 자신을 "과학자이자, 진화론자이자, 찰스 다윈의 대단한 숭배자이자 기독교인" 이라고 자랑스럽게 소개한다.

그렇지만, 나는 그렇게 생각하지 않았다. 나는 어떻게 내가 배워왔던 다윈주의가 하나님께 의미 있는 역할을 남겨 놓을 수 있는지 이해할 수가 없었다. 나는 진화의 과정은 아무의 지시 없이 이루어지는 것이라고 배웠다. 내게 있어 그런 설명은 어떤 신성이 진화의 배후를 조종하고 있을 가능성을 자동적으로 배제하는 것으로 들렸다.

최근에 나온 어떤 교과서는 이점에 대해 분명히 말하고 있다. "다윈주의는 그 누구의 지시도 없고, 그 어떤 목적도 없는 변이와, 맹목적이고 무작위적인 자연선택을 결합시켜 생명의 과정에 대한 신학적 내지는 영적 설명을 무용지물로 만들었다."[13]

3장 진화론 탐구 : 오래된 사상을 새롭게 바라보기

브리지 대학의 저명한 해부학자 아더 케이츠(Arthur Keith) 경의 말대로, 이 화석의 두개골은 의심의 여지 없이 인간의 것이었으며, 뇌의 용량 또한 오늘날 인간 뇌의 용량으로 인정되는 범위 안에 있었기 때문이다.[14] 또한 19명의 진화론자로 구성된 진상조사 탐험대가 제출한 342페이지의 학술보고서도 듀보이스의 주장을 부정하면서 자바인은 인간의 진화를 밝혀내는데 아무런 도움도 줄 수 없다는 결론을 내렸기 때문이다.[15]

다시 말해 자바인은 지금까지 내가 믿어왔던 것과는 달리, 원숭이 인간이 아니라 "인간 가족의 진정한 구성원"이었다.[16] 하지만 〈타임〉지는 이러한 사실을 완전히 잊어버렸는지, 1994년 자바인이 인간의 정당한 조상이라는 내용의 기사를 실었다.[17]

나는 어린시절 읽었던 낡아 빠진 백과사전을 다시 한 번 쭉 훑어 보면서 과학이 얼마나 잘못된 방법 즉, 사실 보다는 상상에 훨씬 더 의존하는 방법으로 자바인을 인간의 진화 과정 안으로 밀어 넣었는지를 생각해 보았다.

어떤 인류학자는 이렇게 말했다. "너무도 부족한 선사시대 인간에 대한 화석 증거로, 조상들과 후손들 사이의 관계를 그럴싸하게 재구성하려는 시도는 소설「전쟁과 평화」*War and Peace* 전체에서 13페이지만을 무작위로 빼내어 이것의 줄거리를 재구성하려는 시도와 같습니다."[18]

〈네이처〉지의 수석 과학 기자인 헨리 지(Henry Gee)는 이렇게 말했다. "화석들 사이의 시간적 간격은 너무나 크기 때문에 우리는 이들 화석이 조상과 후손의 관계를 보여주고 있다고 분명히 말할 수 없습니다." 그는 결론적으로 이렇게 말했다. "인간의 진화 과정을 묘사한 전통적인 그림은 순전히 인간이 작은 단서 하나만을 가지고 편견을 통해 짜 맞춘 인간의 발명품입니다."

그런 후, 그는 이런 결정적인 말을 덧붙였다. "화석을 일렬로 쭉 늘어놓고 그것들이 혈통의 순서라고 주장하는 것은 검증될 수 없는 과학적 가설입니다. 단언하건대, 그것은 잠자리에서 들려주는 이야기 정도의 타당성 밖에는 없습니다. 그것은 흥미롭거나 교훈적일 수는 있어도 과학적일 수는 없습니다."[19]

●● 진부하고, 왜곡되고, 날조된 실패

고등학생 시절 나를 무신론으로 향하게 했던 그림들을 다시 한 번 살펴보면서, 나는 고개를 저을 수밖에 없었다.

내게 남겨진 것은 과학계가 현재 부적절하다고 판정을 내린 생명의 기원에 대한 실험과 캄브리아기 폭발이라는 생물학적 빅뱅에 의해 그 뿌리가 뽑힌 진화계통수, 실체를 반영하지 않은 조작된 배아발생도, 다윈이 그렇게도 발견될 것이라고 예측했지만 충분하게 발견되지 않은 잃어버린 연결고리에 관한 화석 자료들뿐이었다. 의혹은 점점 더 쌓여만 갔다.

그렇다면 이 이미지들만이 진화에 대한 유일한 증거들인가? 물론 그렇지는 않다. 하지만 다른 증거들 역시 지금까지 우리가 대진화를 정밀히 조사해 볼 때마다 거듭해서 얻은 결과 그 이상을 보여주지는 못했다. 그러니, 이 장의 시작에서 내가 언급했던 100명이 넘는 과학자들이 공식적으로 진화론에 대한 불신적 입장을 밝힌 것도 이상한 일은 아니다. 심지어 이들은 진화론자들이 최근 몇 년 동안 새롭게 제기한 진화에 대한 수 없는 증거들을 고려의 대상으로 생각조차 하지 않는다.

마침내 나는 진화론에 대한 믿음을 더 이상 지속시킬 수 없다는 자각의 자리에까지 이르게 됐다. 진화론으로는 생명의 발달 과정과 복잡성을 설명할 수 없다고 생각하게 된 것이다. 내 의견에 진화론의 증거들은 다윈의 엄청난 주장들을 쉽게 뒷받침해줄 수가 없다.

"설계되었다!" 라고 외치다

나는 헤켈의 배아발생도에 문제가 있다는 사실을 내게 말해 준 과학자 웰스에게 이렇게 질문했다. "과학적 증거들에 비추어 보아 대진화가 정말 타당성 없는 이론이라면, 과학적 증거들이 실제로 가리키고 있는 것은 무엇입니까?"

웰스는 확신에 찬 목소리로 이렇게 대답했다. "저는 과학이 강력하게 설계 쪽을 가리키고 있다고 믿습니다. 과학자인 제게 배아의 발달 과정은 "설계되었다!" 라고 외치고 있습니다.

조상에 대한 그 어떤 증거도 남기지 않은 채 복잡한 생물들이 갑자기 등장한 캄브리아기 폭발 역시 진화보다는 설계에 무게를 실어줍니다. 내 의견에 교차 종들이 서로 닮은 것도 설계로 설명해야 모순이 없습니다. 생명의 기원은 분명 설계자가 있다고 외치고 있습니다. 이 모든 것들은 진화적 관점이 아닌 설계의 관점에서 볼 때 더 말이 됩니다."

"짚고 넘어가야 할 문제가 있는데요" 나는 이렇게 질문을 계속했다. "박사님은 지금, 단지 진화에 대한 증거가 부족하기 때문에 지적인 설계자가 있을 것이라는 주장을 하는 것은 아닌 것 같은데요. 그렇다면, 박사님은 설계자에 대한 분명한 증거가 있다고 말하는 건가요?"

"그렇습니다" 그는 이렇게 대답했다. "제 생각에, 만약 당신이 가장 최근에 발견된 우주론, 물리학, 천문학, 생물학의 증거들을 모두 분석해 본다면 당신은 지적 설계자를 지지하는 내용들이 절대적임을 발견하게 될 것입니다"

나는 일어서서 웰스와 악수를 나누고는 이렇게 말했다. "그

참고_

시애틀에 본부를 둔 디스커버리 연구소에 의하면, 지적 설계자 이론은 우주와 생물에 어떤 특징이 있는 것은 계획도 없고, 목적도 없이 진행된 자연선택적 과정에 의해 설명될 수 없고, 지적 설계자의 개입으로 밖에 설명될 수 없다고 주장한다.

것이 바로 이제부터 제가 알아보려고 하는 것입니다"

더 깊이 공부하려면

- 마이클 덴톤 〈진화: 위기에 처한 이론Evolution: A Theory in Crisis〉 1986년
- 필립 존슨 〈시험대 위의 다윈 Darwin On Trial〉 1993년
- 조나단 웰스 〈진화의 아이콘들 Icons of Evolution〉 2000년

4장

칼날의 가장자리 위에 놓인 우주 : 물리학과 천문학의 증거

2004년 1월 3일, 나사(NASA · 미국 항공우주국)의 화성 탐사선 "스피릿(Spirit)"호는 화성의 표면에 착륙하고는 지구로부터 6천 4백만 마일이나 떨어진 그곳에서 사진을 전송했다. 화성에 잘 착륙했다는 신호로써 말이다. 몇 시간 후, 나사의 웹사이트는 천만 번 이상의 접속으로 마비가 될 지경이었다. 붉은 행성으로부터 전송되어 온 놀라운 이미지들은 웹사이트에 접속한 지구인들을 매혹시켰다. 그로부터 2주가 지나지 않아서, 미국의 부시 대통령은 우주 탐사를 확대하겠다는 계획을 발

표했다. 그는 유인탐사선을 통해 2015년 안에 달을 탐사하고, 그 다음에는 화성을, 그 다음에는 "더 넓은 우주를" 탐사하겠다는 목표를 발표했다.

이 첫 번째 우주비행사들이 화성에 착륙하는 모습을 상상해보라. 그들이 우주선에서 내려와 이 사막 같은 행성의 표면에 첫 발을 내디디면서 조성된 생물권과 자족하는 생태계를 발견하는 모습을 연상해 보라. 화성의 생물권을 점검하던 우주인들은 화성의 환경을 점검하는 우주선 제어 계기판의 모든 다이얼들이 생명이 살기에 적합한 수치를 가리키고 있는 것을 발견한다. 산소의 비율도 완벽하고, 기온은 화씨 70도, 습도는 50%를 나타내고, 공기를 공급하고, 식량을 생산하고, 에너지를 발생시키고 쓰레기를 처리하기 위한 장치도 있다.

우주인들은 물론이고 그들이 전송한 이미지들을 자기들의 컴퓨터로 다운로드한 수 없이 많은 네티즌들은 놀라지 않을 수 없을 것이다. 또한 기자들과 정치인들을 비롯한 모든 사람들은 깊은 생각에 잠기지 않을 수 없을 것이다. 과연 어느 나라가 유인탐사선을 통해 화성을 탐사하는 임무를 수행하는데 미국을 앞지를 수 있겠는가? 스푸트니크(Sputnik‧구 소련이 세계

최초로 발사시킨 인공위성)를 계속해서 쏘아 올린 러시아가 지금 이 순간 게임의 승자라고 말할 수 있겠는가?

결국 화성에 생명권이 존재한다는 사실은 어떤 지적 존재가 생명체가 살아갈 수 있는 환경을 의도적이고 신중하게 설계하고 준비했음을 분명히 암시하고 있다. 틀림없이 이것은 우연히 존재할 수 없는 것이다. 이 생명권은 화산이 될 때, 적절한 종류의 혼합물들이 분출되고 그것들이 우연히 잘 조합되어 만들어진 것이 아니다. 계기판 다이얼들의 눈금이 생명이 존재하기에 적합한 수치를 가리킨 것은 저절로 일어난 일이 아니라 지적 설계자의 작업 때문이다.

어떤 물리학자들은 이것이야말로 우주를 설명할 수 있는 강력하고 설득력 있는 예시라고 말했다.

미세 조정된 서식지

물리학, 수학, 철학 분야의 학위를 가진 로빈 콜린스(Robin Collins)는 이렇게 말했다. "과거 30년 이상, 과학자들은 우주의 기본 구조가 거의 모든 면에서 생명체의 존재를 위해 칼날의 가장자리 위에서 균형을 잡고 있다는 사실을 발견했습니다. 그냥 일어난 일이라고 하기에는 너무나 환상적이기 때문에 이것을 단지 우연의 결과로 돌리거나 아무런 설명이 필요 없는 일이라고 주장할 수가 없습니다. 계기판의 다이얼들은 너무나 정확한 수치를 나타냈기 때문에 그것을 저절로 일어난 사건이라고 말할 수 없습니다."

우주가 미세 조정된 곳이라는 증거는 너무나 분명해서 우주가 우연의 일치로 만들어졌다고 치부될 수 없다는 결론을 내린 과학자는 콜린스 혼자만이 아니다. ("우연의 일치라고? 그들은 그렇게 생각하지 않는다"라는 박스를 참고하라) 많은 과학자들은 인본 원리(The anthropic principle)라고 불리는 것에 깊은 인상을 받아 왔다. 사람이라는 뜻의 그리스어(*anthropos*)에서 유래된 이 말은 기본적으로 우주는 인간이 살아가는데 필요한 모든 것을 가지고 있다는 의미, 다시 말해 우주는 인간 존재를 위해 "미세 조정 되어 있다"는 의미를 담고 있다.

참고_

인본 원리는 우주는 인간의 생명을 가능하게 하는 모든 필수적인 요소들과 엄밀하게 정의된 특징들을 가지고 있다는 관측이다.

우주가 미세 조정되었다는 문제를 공부하는 동안, 나는 우주가 아슬아슬하게 균형을 잡고 있다는 주장에 대한 과학적 증거를 찾아보고 싶어졌고 동시에 과연 인본 원리가 회의주의자들의 도전을 받고도 살아 남을 수 있을 것인지에 대해서도 알아보고 싶어졌다. 언젠가 콜린스는 이렇게 말한 적이 있다. 우주가 놀랄 만큼 "적절한(just so)" 조건들을 가졌다는 것은 하나님의 존재 증명을 위한 최고의 설득력 있고 일반적인 증거로서 광범위하게 인정되어야 합니다.[1] 그래서 나는 이런 문제들을 놓고 그와 개인적인 대화를 나누기로 마음먹었다.

●● 중력: 그 다이얼을 건드리지 마세오!

물리학은 매우 빠른 속도로 복잡하게 전개되고 있다. 그래서 우리는 우리가 쉽게 생각할 수 있는 예들을 통해 물리학을 이해해야 할 때가 있다.

그런 의미에서 한 가지 예를 들어보자. 눈금자 또는 구식 라디오의 다이얼들 중 하나가 눈에 보이는 우주 전체를 가로

질러 뻗어 있는 모습을 상상해 보라. 1인치 단위로 그려진 눈금의 개수는 몇 십억 곱하기 몇 십억 곱하기 몇 십억 개보다도 많을 것이다. 콜린스는 중력의 힘은 적어도 이 정도의 미세한 범위 즉, 1인치 단위 미만의 오차 범위 내에서 설정되어야 마땅할 것이라고 말했다.[2]

이제 중력은 이 믿을 수 없을 만큼 긴 연속체를 따라 일정

▶▶▶ **우연의 일치라고?
그들은 그렇게 생각하지 않는다**

다음의 과학자들은 우주의 구조에 대해 이렇게 말한다.

"지난 30년 동안, 왜 그렇게 많은 과학자들이 마음을 바꿔 우주가 우연에 의해 만들어졌다는 설명은 합리적 설명이 될 수 없다는 의견에 동의했는지를 이해하기란 매우 쉬운 일이다. 우리의 거처인 우주가 정교하고 신중하게 만들어졌다는 사실을 이해하면 할수록 지적 설계자에 대한 증거는 더욱 거역 못할 영향력을 갖는다"[3]
– 월터 브래들리(Walter Bradley), 「생명 기원의 신비」The Mystery of Life's Origin의 공동저자

"외관상 보기에 오늘날 우주의 구조가 작은 수치적 변화에도 민감

---

76 청소년을 위한 창조 사건

하게 반응할 정도로 신중하게 만들어졌다는 것은 거역하기가 어려운 사실입니다… 이처럼 우주가 기적적인 수치들의 조합을 통해 이루어진 것은 우주를 만든 설계자가 존재한다는 가장 강력한 증거로써 인정 받아야 합니다"[4]
- 폴 데이비스(paul Davies), 전 캠브리지대학교 이론물리학과 교수

"우주가 미세 조정되어 있다는 사실은 신적 설계자가 존재한다는 명백한 증거입니다"
- 에드워드 헤리슨(Edward Harrison), 우주론자[5]

"여러 사실들에 대한 상식적 해석은 초지성적 존재가 물리학뿐 아니라 화학과 생물학을 가지고 놀고 있다는 사실과 자연을 가치 있게 하는 것은 맹목적인 힘이 아니라는 사실을 암시한다."[6]
- 프레드 호일 경(Sir Fred Hoyle), 세계에서 가장 저명한 천문학자 중 한 사람

"과학적 작업을 통해 나는 물리적 우주가 너무나 놀랄 만큼 정교하게 결합되어 있음을 점점 더 강하게 믿게 되었습니다. 그래서 나는 우주가 단지 맹목적인 실체에 불과하다고 받아들일 수가 없습니다… 나는 이 우주 안에 있는 우리의 존재가 단지 운명의 장난 또는 역사의 우연 또는 장엄한 우주적 드라마에서 실수로 들리는 잡음에 불과하다는 사실을 믿을 수 없습니다."[7]
- 폴 데이비스, 물리학자

"이 세상에 대한 합리적이고 상식적인 해석은 초지성적 존재의 손이 이 세상을 설계했다는 사실을 암시해준다."[8]
- 오웬 깅거리치(Owen Gingerich), 하버드대학교 천문학과 교수이자, 스미소니언 천체 물리 관측소 수석 천문학자

한 범위 내에서 정확하게 설정되었다. 이 중력의 결과로, 생명은 생존할 수 있다. 하지만 만약 이 정확하게 설정된 중력의 힘이 한 눈금 즉, 1인치만이라도 움직인다면 어떻게 될까?

즉시 우주에 있는 생명체들은 엄청난 충격을 받아 대재앙이 일어날 것이다. 인간 크기만한 동물들은 어디에 있든지 압착되고 말 것이다. 심지어 곤충과 같이 작고 가벼운 생물도 더 두꺼운 다리를 가지지 않는 한 자신의 무게를 지탱할 수 없게 될 것이다. 사람보다 다소 큰 동물들 또한 생존하기 어렵게 될 것이다. 정확하게 설정된 중력의 상태에서 움직인 1인치의 눈금은 전체 우주의 넓이와 비교할 때, 얼마나 작은 넓이인가?

콜린스는 이렇게 말했다. "당신이 이해할 수 있는 바와 같이, 중력은 생명을 생존시키기 위해 무한히 제한된 영역에 놓여있습니다. 우주의 한 쪽 끝에서 다른 쪽 끝에 이르는 가능한 모든 설정 중에서 중력은 우주가 생명을 유지하도록 하기 위해 1인치의 오차도 없이 정확해야 하는 미세 범위 내에서 설정되어 있습니다."

원자를 겨냥해 다트 던지기

중력은 과학자들이 연구하고 있는 인자(factor) 중 하나에 불과하다. 한 전문가는 우주에서 생명이 존재하기 위해 정확히 조정되어야 할 독립 인자는 30개가 넘는다고 말했다.[9]

콜린스는 개인적으로 조사한 여러 가지 다른 예들을 소개했다. 그리고 그것들은 그로 하여금 지적인 설계자가 있음을 믿게 만들었다고 고백했다.

예를 들어, "우주 상수(cosmological constant)"라는 것이 있는데 이것은 진공 공간의 에너지 밀도를 말한다. 이것은

한 번 더 참고_

지적 설계자 이론은 우주와 생물에 어떤 특징이 있는 것은 계획도 없고 목적도 없는 어떤 과정에 의해 설명될 수 없고, 지적 설계자의 개입으로밖에 설명될 수 없다고 주장한다.

4장 칼날의 가장자리 위에 놓인 우주 : 물리학과 천문학의 증거

아인슈타인의 일반 상대성 이론 방정식의 일부로써 어떠한 범위의 값도 취할 수 있었다. 즉 음수를 취할 수도 있고 양수를 취할 수도 있었다.

만약 이것이 큰 양수였다면, 은하계들, 별들, 행성들은 결코 형성될 수 없었을 것이다. 만약 이것이 큰 음수였다면, 새롭게 생성된 우주는 스스로 붕괴되고 말았을 것이다. 하지만 이것은 우주가 생명친화적일 수 있도록 하기 위해 정확하고 정밀한 수치를 나타내고 있다.

나는 콜린스에게 그것의 정밀성을 내가 이해할 수 있는 방법으로 묘사해 달라고 부탁했다. "당신이 우주 공간 외부에서 지구를 향해 무작위로 다트를 던진다고 가정해 봅시다" 그는 계속해서 이렇게 말했다. "그것은 지름이 $1/10^{24}$인치인 과녁을 정확하게 맞추는 것과 같습니다. 원자 하나의 크기보다 작은 크기를 말이죠!"

내 머리 속에서는 "숨을 막히게 하다", "혼비백산하게 하다" 라는 말이 스쳐 지나갔다. 나는 이렇게 말했다. "당연히 과학자들이 이러한 사실에 압도될 수밖에 없겠군요"

콜린스는 이렇게 대답했다. "제 의견을 말씀 드린다면 설령, 우주가 미세 조정되었다는 유일한 증거가 우주 상수밖에 없고 그것을 실제적으로 설명해 낼 수도 없다 해도, 우주 상수는 그 자체만으로도 우주가 설계되었다는 강력하고도 충분한 증거가 될 수 있습니다"

중력의 정확한 눈금 개념에 우주 상수 개념을 첨가하면 어떤 일이 일어나겠는지 생각해보라. 우주의 미세 조정 정도는 $1/10^{80}$보다 더 작을 만큼 엄밀해질 것이다. 이것은 우주 전체 안에서 한 개의 원자를 찾아 명중시키는 것과 같은 확률이다!

그는 계속해서 이렇게 말했다. "우주가 미세 조정 되었다는 예증들은 또 있습니다. 이를테면, 중성자와 양성자 사이의 질량차이를 들 수 있습니다. 중성자의 질량이 약 700만 분의 1 정도만 증가해도 별들의 핵융합은 중단될 것입니다. 그러면 생명을 위한 에너지원은 사라지게 될 것입니다"

"그리고 만약 전자기력이 약간만 강해지거나 약해지면, 우주 안에서 생명체가 살아갈 수 없게 될 것입니다. 한편 중성자와 양성자를 원자핵 안으로 묶는 강력한 핵력에 대해 생각해 봅시다. 그것을 50% 정도만 감소시킨다고 가정해 봅시다. 그것은 힘의 세기의 전체 범위와 비교할 때, $1/10^{40}$밖에 안 되는 아주 작은 수치입니다."

나는 이렇게 물었다. "만약 당신이 강력한 핵력을 그 정도 조정한다면 어떤 일이 일어날까요?"

"강력한 핵력은 너무나 약해서 원자핵 안에 있는 양전하를 띤 중성자들 사이에 존재하는 밀어내는 힘(같은 전하끼리는 밀어내기 때문에)이 수소를 제외한 모든 원자들의 해체를 막을 수가 없게 됩니다." 그는 이렇게 설명을 계속했다. "스타트랙(Star trek)에서는 어떻게 보여주었던 간에, 수소만으로 지적인 생명체가 만들어질 수는 없습니다. 수소는 복잡하면서도 안정적인 상태를 충족시키지 못합니다."

콜린스는 여러 가지 이야기를 하고 있었지만, 논지의 일관성을 지키고 있었다. 내가 살펴본 바로는, 우주의 미세 조정이 우연에 의해 일어날 가능성은 매우 낮아 보였다. 반면 우주의 미세 조정이 지적 설계자의 작업에 의해 이루어졌을 가능성은 전혀 낮아 보이지 않았다. 그래서 우연이론보다 설계자이론을 선택하는 것은 매우 합리적이라 여겨졌다.

우리는 항상 개연성에 의해 현상을 해석한다. 총에 피고인의 지문이 묻어 있는 것은 여러 가지 화학물질들이 저절로 생겨나 피고인의 지문을 만들었기 때문인가 아니면 피고가 총을 만졌기 때문인가? 배심원들은 아무런 주저 없이 피고인이 총을 만졌기 때문이라는 결론을 내릴 것이다. 왜냐하면 그들은 피고인이 총을 만졌을 가능성이 지문이 저절로 생겼을 가능성보다 훨씬 높다고 여길 것이기 때문이다.

만약 우주가 설계되었다는 죄목으로 혐의를 받아 재판을 받게 되고 내가 배심원이라면, 나는 "유죄"에 표를 던질 수밖

▶▶▶ **반대 의견**

어떤 회의론자들은 "약한 인본 원리(weak anthropic principle)"라고 알려진 이론을 가지고 우주가 미세 조정 되었다는 논증을 공격하고 있다. 이 이론에 따르면, 만약 우주가 생명체를 위해 미세 조정 되지 않았다면, 인간은 생명을 유지하면서 우주를 관찰할 수도 없었을 것이다. 그래서 그들은 우주가 미세 조정 되었다는 것에는 아무런 설명이 필요 없게 된다는 결론을 내리고서 만족해 한다. 아무런 설명이 필요 없게 된다면 설계자라는 개념도 제기할 필요가 없게 된다는 것이다. 하지만 다른 사람들은 그들의 의견에 반대한다. 우주가 미세 조정 되었다는 사실은 일어나기 불가능해 보일 정도로 놀라운 사실이기 때문에 여전히 설명이 필요하다는 것이다. 그리고 그것에 대한 최선의 설명은 지적 설계자의 작업이었다는 것이다.

에 없을 것이다. 왜냐하면 이것은 오늘날 많은 형사 재판에서 유죄를 이끌어 내기 위해 사용되고 있는 DNA유전자 증거보다 더 강력한 증거이기 때문이다.

다중 우주 이론

로빈 콜린스의 확신에도 불구하고, 최근 몇 년 동안 일부 과학자들은 우주가 미세 조정되었다는 논증을 반대하는 의견을 제기하고 있다. 그들은 소위 "많은 우주들(many universes)" 또는 "다중 우주(multiverse)"라고 불리는 가설이 우주가 설계자에 의해 미세 조정되었다는 결론의 허점을 밝혀 줄 것이라고 주장한다.

예를 하나 들어 보자. 영국 왕실의 천문학자인 마틴 리스(Martin Rees)경은 만약 우주의 근본적인 물리적 특성을 나타내는 여섯 가지 수치들이 "아주 미세하게라도" 변경된다면 "그 어떤 별들도, 복잡한 원소들도, 생명도" 존재할 수 없을 것이라고 시인했다.[10] 하지만 그는 대형 의류매장의 예를 들어 이

현상을 또 다른 관점에서 설명하려 했다.

그는 이렇게 말했다. "만약 당신이 옷이 엄청나게 많이 진열된 의류매장에 가서 당신에게 딱 맞는 옷을 발견했다면 당신은 별로 놀라지 않을 것입니다. 만약 우주가 많이 존재하고, 각각의 우주는 제각기 다른 수치들의 집합에 의해 지배를 받는다면, 그 중에는 생명이 살기에 적합한 특별한 수치들의 집합에 의해 지배를 받는 우주도 있을 것입니다. 우리는 바로 그런 우주에서 살고 있는 것입니다"[11]

다시 말해, 만약 우리가 살고 있는 우주가 유일하게 존재하는 우주라면, 우주의 미세 조정 이론은 지적 설계자가 우주의 눈금을 조정해 놓았다는 강력한 증거가 될 수 있다. 하지만 우주가 많이 존재하거나 무한히 존재한다면 이러한 결론은 물거품이 되고 만다. 무작위로 눈금을 돌릴 수 있는 기회가 충분히 주어진다면, 적어도 하나는 우주적 복권에 당첨될 수도 있다는 말이다. 즉 우주적 복권에 당첨되어 생명이 살기에 적합한 거주지가 된 곳이 바로 우리가 살고 있는 우주라는 말이다.

나는 정말로 궁금했다. 회의주의자들이 내 놓은 이 가설

▶▶▶ 외계인: 그들은 과연 지구 밖에서 존재하고 있을까?

비록 많은 영화들에서 외계인들이 자주 등장하곤 하지만 점점 더 많은 과학적 발견들은 우주 안에서 생명이 살아가기에 적절한 조건들을 갖춘 별들이 존재하기란 거의 불가능하다는 사실을 보여주고 있다. 많은 과학자들은 지구 밖에 지적인 생명체가 존재할 가능성은 매우 희박하다고 결론 내리고 있다. 결국 지적인 생명체가 살고 있는 별은 오직 지구밖에 없다고 해야 할 것이다. 과학 교육자 지미 데이비스와 헤리 포는 이렇게 말했다. "자료들은 지구만이 '적절한 시간에 적절한 장소에' 존재하는 유일한 행성임을 암시해 주고 있습니다"[12] 그것들을 한 번 살펴보자.

1. 지구의 대기는 바다와 협력하여 태양 에너지를 저장하고 재분배하여 기후를 조절하는 동안 해로운 자외선을 걸러낸다.
2. 지구는 지각의 파편들이 순환하면서 맨틀을 이룬 판 구조(plate tectonics)로 되어있다. 이를 통해 지구에는 일종의 자동 온도조절장치가 마련되었고 그것은 지속적으로 이산화탄소의 균형을 유지하고 표면온도를 조절한다.
3. 지구는 중력이 대기를 유지할 수 있을 만큼 적절하게 크고, 해로운 가스를 많이 간직하고 있지 않을 만큼 적절하게 작다.
4. 지구는 은하계에서 "안전지대"에 놓여있다.
   - 폭발된 초신성(supernova)과 위험하고 거대한 분자 먼지가 존재하는 대부분의 영역에서 벗어나 있다.
   - 거대한 블랙홀과 초신성들의 추가적인 폭발이 존재하는 은하계의 원자핵으로부터 멀리 떨어져 있다.
   - 목성은 생명을 위협하는 혜성들과 지구가 부딪치지 않도록 지구를 보호해준다. 왜냐하면 목성은 지구보다 훨씬 강력한 중력으로 혜성들을 끌어당기고 있기 때문이다.

- 다른 행성들은 소행성들이 지구에 충격을 가하지 못하도록 지구를 보호해준다. (소행성들은 대부분 소행성계의 가장자리에 놓여 있는 화성과 금성에게 충격을 가한다)
- "항성주변 거주가능지역" 내부의 가장자리, 바로 그곳만이 충분히 적은 이산화탄소와 충분히 많은 산소를 가지고 있어 생명을 가진 복잡한 동물들이 살아갈 수 있도록 한다.

5. 지구의 순환궤도는 너무나 엄밀하여 안전지대 내부를 벗어나지 않고 지구의 온도를 적정하게 유지시켜준다.
6. 태양은 자기 주변을 도는 행성들에 살아있는 생명체가 존재하도록 적정한 질량, 적정한 빛, 적정한 구조, 적정한 거리, 적정한 궤도, 적정한 은하, 적정한 위치를 지니고 있다. 지구에 생명체가 살아갈 수 있는 것은 지구가 바로 그런 태양 주변을 돌고 있기 때문이다.
7. 달은 지구를 위해 적정한 크기로 되어 있고, 적정한 거리를 유지하고 있다.
   - 달은 지축의 경사를 안정화시킨다.
   - 달은 바다의 대규모 순환을 유지시키기 위해 밀물과 썰물의 활동을 증가시킴으로써 대륙의 영양소를 바다로 흘려보낸다. 이로써 달은 바다를 영양소가 풍부한 상태로 유지하게 한다.

설령 지구 밖의 별에서 생명체가 발견된다고 해도 많은 기독교인들은 그것 때문에 신학적인 난제에 봉착하지는 않을 것이다. 왜냐하면 비록 그것은 성경에 기록되어 있지 않은 사실이긴 하지만, 하나님께서는 얼마든지 생명체가 존재하는 다른 행성을 창조하실 수 있는 분이기 때문이다. 하지만 여기서 짚고 넘어가야 할 점은, 외계인의 존재는 순전히 추론에 근거하고 있다는 점이다. 일단 과학적으로 증명된 것은 지구만이 생명체가 생존하기에 가장 적절한 행성이라는 사실이다. 다만 그것이 우연에 의한 것이냐, 설계자에 의한 것이냐가 문제이다. 당신은 어떻게 생각하는가?

4장 칼날의 가장자리 위에 놓인 우주 : 물리학과 천문학의 증거

즉, 우주가 많이 존재한다는 가설은 과연 하나님을 부인하기에 합리적인 가설이 될 수 있는가? 우주가 미세 조정되었다는 논증은 오직 기독교를 믿는 과학자들에게만 지지를 받고 있는가? (이와 관련하여 "FAQ"를 참고하라)

우주의 아이스하키 공

이어서 콜린스는 스탠포드 대학교에서 가장 인기 있을 뿐 아니라 다중 우주 이론에 대해 가장 신빙성 있는 견해를 가진 안드레 린데(Ander Linde) 교수에 의해 제안된 "스스로 재생산하는 인플레이션 우주" 모형을 소개했다.

린데는 우리의 우주가 빠르게 팽창하는 초공간 안에 존재하고 있다고 제안한다. 이 초공간의 작은 일부는 이론적 "인플레이션 장"에 의해 부풀어 오른다. 마치 세제로 가득한 무한한 바다에서 비누거품이 형성되는 것처럼 말이다. 각각의 거품들은 새로운 우주가 된다. "혼란한 인플레이션 이론"에서 알려진 바대로, 이와 같은 엄청난 수의 우주는 양자의 진

▶▶▶ **FAQ**

Q. 지적 설계자 운동을 전개하고 있는 과학자들은 대부분 기독교인들인가? 그렇다면, 그들은 과학의 합리성을 훼손시키고 있지는 않은가? 혹시 그들은 그들이 발견하고 싶어하는 것만 찾고 있는 것은 아닌가?

A. 각각의 질문들에 대해 답해보자.
- 우선, 지적 설계자 운동은 배타적인 기독교 운동이 아니다. 예를 들어, 지적 설계자 이론을 옹호하는 과학자들 중에는 불가지론자들도 있고 유대교인들도 있다. 우주가 창조자에 의해 만들어졌다는 우주론적 논증 중 손꼽히는 논증은 이슬람교 학자에 의해 제기되었다.
- 하지만 설령 지적 설계자 운동을 전개하고 있는 과학자들이 모두 기독교인들이라 할지라도 그것이 이 운동의 정당성을 무효화해 버릴 수는 없다. 모든 과학자들은 동기를 가지고 있다. 하지만 본시 동기라는 것은 과학적 이론의 타당성, 재판 중인 사건의 타당성, 철학적 논증의 타당성을 평가하는 것과는 무관하다. 당신은 증거나 논증을 제기한 사람이 누구인가 또는 증거나 논증을 제기한 이유가 무엇인가에 구애 받지 말고 제기되고 있는 그 증거와 논증 자체에 반응해야 한다. 그들이 제기한 논증은 그 자체의 가치만으로 비중 있게 다루어져야 한다.
- 이 점을 한 번 생각해 보라. 만약 어떤 과학자가 창조자가 존재한다는 증거를 신뢰하여 하나님을 믿는 사람이 되었다면 그(그녀)는 과학을 하기에 부적격한 사람이 되어버린 것인가? 당연히 그렇지 않다. 순수하게 증거만을 가지고 판단해 보라. 즉 증거가 스스로 말하게 해 보라. 우주가 설계되었다는 것이 최선의 설명이겠는가, 아니겠는가?

동에 의해 초공간의 여러 지점을 따라 무작위로 탄생되었다. 따라서, 각각의 우주는 시작을 가지고 있고 크기도 유한한 반면, 그보다 훨씬 큰 초공간은 크기도 무한할 뿐 아니라 영원히 지속된다.

콜린스는 이렇게 말했다. "당연히 이것은 너무나 이론적입니다. 해결되지 못한 점들 또한 너무 많습니다. 하지만 이것은 오늘날 매우 인기 있는 이론이기 때문에 저는 이것이 진지하게 취급되어야 한다고 믿습니다. 그러니 바로 지금 이 이론을 비난하려 들지는 맙시다. 일단, 이것이 사실이라고 가정해 봅시다.

"좋습니다. 그렇게 하겠습니다." 나는 고개를 끄덕이면서 동의했다.

"지금 제가 말하려고 하는 주요한 요점은 이것입니다. 비록 린데의 이론이 많은 우주의 존재를 설명할 수 있다 해도, 이것이 설계 사실을 무너뜨리지는 못한다는 것입니다. 이것은 단지 문제를 다른 수준으로 차 올려 버리는 꼴 밖에 되지 않을 것입니다. 오히려 저는 이것이 설계사건을 지향하는 결과를 초래할 것이라고 믿습니다"

나는 이렇게 되물었다. "그거 참 재미있는 반전이군요! 왜 그렇게 믿으시나요?"

그는 이렇게 대답했다. "일상적인 예를 하나 들어보겠습니다. 제 아내와 저는 빵 만드는 기계를 가지고 있습니다. 지금은 고장이 났지만, 우리는 이것을 종종 사용하곤 했습니다. 먹음직한 빵을 만들기 위해서는 우선, 이처럼 잘 설계된 기계가 있어야 합니다. 즉 올바른 전자회로, 올바른 발열전지, 올바른 타이머 등이 설계된 기계가 있어야 합니다. 그 다음으로 물, 우유, 밀가루, 쇼트닝, 소금, 설탕, 이스트와 같은 적당한 재료들을 적당한 비율로 적당한 순서에 따라 넣어야 합니다. 밀가루에는 글루텐이라는 단백질이 적당량 포함되어 있어야 합니다. 그렇지 않으면 글루텐을 따로 첨가해야 합니다. 빵 한 덩어리가 만들어지기 위해서는 이 모든 것들이 적절하게 구비되고 사용되어야 합니다. 그렇지 않으면 당신은 아이스하키 공처럼 시커멓게 타버린 빵을 얻게 될 것입니다.

"자, 이제 본론으로 들어가 봅시다. 우주는 빵 한 덩어리보다 훨씬 더 복잡합니다. 제가 말씀 드리고 싶은 것은 이것입니다. 빵 한 덩어리를 만들기 위해서도 세밀하고 특정한 요소들을 갖춘 제빵기계가 필요한데, 하물며 제대로 작동하는 우주를 만들기 위해서는 고도로 설계된 장치 내지는 과정이 필요하지 않겠습니까? 다시 말해 당신이 어떤 다중 우주 이론을 접하든 간에, 그것들은 모두 예외 없이 "다중 우주 작동기"를 필요로 할 것입니다. 하물며 새로운 우주들을 대량으로 생산하기 위해서는 올바른 구조, 올바른 처리방법, 올바른 재료들이 더더욱 필요할 것입니다.[13]

그는 의미심장한 웃음을 지으면서 이렇게 말했다. "그렇지 않으면, 당신은 아이스하키 공처럼 시커멓게 타버린 우주와 함께 죽게 될 것입니다"

●● 다중 우주 기계

콜린스는 제대로 작동하는 우주를 생산해 내기 위해서는 어떤 구성요소들이 필요한 지 설명해 주었다.

- 거품 우주들에게 필요한 에너지들을 제공할 메커니즘이

필요하다. 이것은 바로 린데가 가설로써 제시한 인플레이션 장이라고 할 수 있다.

- 거품을 만드는 메커니즘이 필요하다. 이것은 바로 아인슈타인의 일반상대성이론 방정식이라고 할 수 있다.

- 인플레이션 장의 에너지를 우리가 우주에서 발견하고 있는 일반적인 질량/에너지의 형태로 변경시키는 메커니즘이 필요하다.

- 특정한 우주들을 우연히 만들어 낼 수 있도록 하기 위해 물리학 상수들을 변경시키는 메커니즘이 필요하다. 예를 들어, 생명을 유지시키기 위해 적절하게 미세 조정된 우리의 우주 역시, 우연한 작품이 되기 위해서는 물리학의 상수들이 변경되어야 한다.

- 적절한 배경법칙이 존재해야 한다. 양자화 원리(principle of quantization), 파울리의 배타 원리(Pauli-exclusion principle), 모든 질량들 사이에는 보편적인 인력이 존재한다는 중력의 법칙 등 여러 가지 적절한 배경법칙이 필요하다. 이러한 법칙들 중 단 하나만이라도 없어지거나 변경된다면 생명을 존속시킬 수 있는 우주가 생성될 가능성은 거의

희박하다.

그는 이렇게 덧붙여 말했다. "이것을 명심하십시오. 우주 상수가 적어도 한 번은 만들어질 여지를 증가시키려면 10의 48제곱 개의 우주를 만들어 낼 필요가 있습니다. 왜냐하면 우주 상수는 믿을 수 없을 정도로 미세하기 때문입니다"

나는 이렇게 물어보았다. "그렇다면 박사님의 결론은 무엇인가요?"

"제빵사가 만들어 낸 먹음직한 빵을 두고 무작위한 우연이라고 설명할 수 없듯이, 모든 구성 요소들과 재료들이 있어야 할 곳에 적절하게 배치되어 있는 우주의 생성 체계를 두고 우연이라고 설명하는 것은 어불성설이 아닐 수 없습니다. 그러므로 혹시 다중 우주 생성 체계가 존재한다 할지라도 그것 역시 설계자 이론에 의해 설명되어야 최선일 것입니다.

"창조자의 존재를 믿는 사람들은 우주가 많이 존재하고 있을지 모른다는 상상을 전혀 두려워할 필요가 없습니다. 미세하게 조정된 우주의 생성 과정이 작동되기 위해서는 여전히 지적인 설계자가 필요할 것이기 때문입니다. 이 상황을 철학자 프레드 드레츠키(Fred Dretske)의 말을 약간 변경하여 표현해 보겠습니다. '요즘은 인플레이션 시기라, 무신론자의 가격마저도 약간은 올랐다'

●● 초월적인 지성

나는 몇 분 동안 콜린스의 설명에 대해 생각해 보았다. 우주를 생성해 내는 데에는 적절한 메커니즘, 적절한 재료들, 적절한 정밀도가 필요하다는 말은 분명 납득이 갈만한 말이었다. 또한 그 모든 것들은 지적 설계자의 존재를 보여주고 있기도 했다. 하지만 나는 여전히 머리 속으로 그 어떤 것과 씨름하고 있었다. 물리학자가 아니라 일반인인 내게 다중 우주라는 전체 개념은 터무니없어 보였다.

하지만 이러한 의견을 가진 사람은 나뿐이 아니었다. 저명한 잡지 〈아틀란틱 먼쓸리〉지의 기고편집자인 그레그 에스터브룩(Gregg Easterbrook) 역시 이렇게 말했다. "만약 다중 우주이론이 의존하고 있는 가정이 종교적 문헌에 나왔다면 그것은 비웃음거리가 되었을 것입니다. 다중 우주이론은 그 어떤 다른 종교보다도 많은 불신앙의 중단을 요구합니다. 다중 우주이론을 믿는 것은 500억 개의 은하계를 합쳤을 만큼 크면서도 눈에는 보이지 않는 물체들의 존재를 믿는 교회에 다니는 것과 같습니다"[14]

내가 이처럼 다중 우주에 대한 회의적인 말을 하자, 콜린스는 그것을 주의 깊게 듣고 있었다. 그리고는 내게 이렇게 말했다. "당신이 그렇게 느끼는 것은 당연합니다. 잘 한번 들어보세요. 모든 것이 동일한 조건이라면, 우리는 이미 알고 있는 내용을 자연스럽게 확장하는 가설을 선호하는 경향이 있습니다."

나는 그의 말이 무슨 의미인지 잘 이해하지 못했다. 그래서 이렇게 요청했다. "그것에 대한 예를 한 번 들어주실 수 있나요?"

그는 이렇게 대답했다. "물론입니다. 당신이 공룡 뼈 몇 개를 발견했다고 합시다. 당연히 당신은 그것을 과거에 공룡이 살았다는 강력한 증거라고 여길 것입니다. 왜 그럴까요? 왜냐하면 비록 지금까지 공룡을 본 사람은 아무도 없지만, 우리는 다른 동물들이 죽어서 화석화된 잔재를 남기는 것은 보아왔기 때문입니다. 그러니 공룡에 대한 설명은 우리의 공통된 경험을 자연스럽게 확장한 것이라고 할 수 있습니다. 납득이 갈만한 일이죠.

"하지만 공룡 회의론자가 있다고 가정해 봅시다. 그는 당신이 발견한 공룡의 뼈들을 다르게 합리화하려고 애씁니다. 그는 그 공룡 뼈가 '공룡 뼈를 생산하는 장'에서 갑자기 난데없이 만들어 졌다고 주장합니다. 즉 그것은 실재 공룡의 화석이 아니라고 주장합니다"

"우스꽝스럽게 들리는데요" 나는 이렇게 말했다.

"바로 그것이 회의론자에게 해 주어야 할 적절한 말입니다" 콜린스는 설명을 계속했다. "당신은 이렇게 말할 수 있습니다. '잠깐만요. "공룡 뼈를 생산하는 장"이 아무것도 없던 상태에서 공룡 뼈를 만들어 낼 수 있다는 것을 설명하는 물리법칙은 금시초문인데요.' 하지만 회의론자는 당신의 질문에 대답할 준비를 하고 있을 것입니다. 그는 이렇게 대답할 것입니다. '아, 우리는 아직 그 물리법칙을 발견하지 못했을 뿐입니다. 단지 우리는 아직 그런 장을 탐색하지 못했을 뿐입니

다. 더 많은 시간을 주신다면, 우리는 분명히 그것을 발견해 내고 말 것입니다.'

"제 생각에 당신은 여전히 공룡의 존재 사실을 믿고 있을 것입니다. 왜냐하면 당신은 이미 알고 있는 사실을 자연스럽게 확장해 볼 때, 공룡의 뼈를 통해 공룡이 존재했다는 사실

 FAQ

Q: 당신은 어떻게 완전하신 하나님께서 불완전한 세상의 지적 설계자시라고 설명할 수 있겠는가? 완전하신 하나님께서 이 세상을 창조하셨는데도 왜 이 세상은 완전하지 않은 모습을 하고 있는가?

A: 성경적 관점에서 살펴보면, 자연세계는 완전해 질 기대를 할 수 없었다. 성경은 이 세상이 부패하고 타락했다고 말한다. 왜냐하면 악이 세상에 들어와 원래의 설계를 붕괴시켰기 때문이다. 우리는 이 일이 어떻게 일어나게 되었는지 그 특별한 내용을 모두 이해할 수는 없다. 하지만 로마서는 자연 세계가 자기들의 구속을 위해 신음하고 있다고 주장한다. 왜냐하면 자연세계는 원래의 창조 상태에서 무엇인가 이상이 생겼기 때문이다. 성경의 설명을 근거로, 우리는 자연이 하나님의 설계로 창조되었다는 증거일 뿐 아니라 인간이 부패와 타락의 원인이었다는 증거를 발견할 수 있게 된다.

을 충분히 추정할 수 있기 때문입니다." 콜린스는 이런 결론을 내렸다. "반면, 회의론자들은 우리가 이미 알고 있거나 이미 경험한 내용을 자연스럽게 확장한 물리법칙이 아닌 전혀 새로운 일련의 물리법칙들을 발명해 냅니다. 하지만 당신은 그들의 설명을 고지 믿지는 않을 것입니다. 어림도 없는 일이죠."

"그러니까 박사님의 말은 지적 설계자가 존재한다는 이론은 우리가 이미 알고 있는 내용을 자연스럽게 확장한 개념이라는 것인가요?"

"그렇습니다." 그는 이렇게 대답했다. "한 번 생각해 보세요. 우리는 이미 지성을 가진 존재가 미세하게 조정된 장치들을 만들어 낸다는 사실을 알고 있습니다. 우주왕복선을 보세요. 텔레비전을 보세요. 내연엔진을 보세요. 우리는 지성을 가진 존재가 복잡하고 정밀한 기계들을 만들어 내는 모습을 항상 보고 있습니다.

"그러므로, 우주가 미세 조정되었다는 것에 대한 설명으로 초월적인 지성의 존재 또는 하나님의 존재를 제시하는 것은 지극히 합리적인 일입니다. 그것은 우리가 이미 알고 있는 내용 즉, 지적인 존재는 발명품을 만들어 낼 수 있다는 내용을 자연스럽게 확장한 것입니다. 더욱이 우리는 하나님의 존재를 증명하는 또 다른 독립적인 증거들을 가지고 있습니다. 그것은 많은 우주가 존재한다는 가설과는 차원이 다른 증거들입니다. 바로 창조자에 대한 개인적인 체험이나 당신이 책을 쓰면서 언급했던 여러 종류의 증거들 말입니다"

그때 내 머리 속에서는 한 가지 질문이 떠올랐다. "물리학을 깊이 연구하면 할수록 박사님은 당신이 발견한 것에 대한 경이감과 경외감을 느끼게 됩니까?"

그는 사뭇 진지한 표정으로 이렇게 대답했다. "그렇고 말고요. 그것은 비단 우주가 미세 조정되었다는 점뿐만이 아니라 많은 부분에서 그렇습니다. 양자역학, 우리의 정신이 세상을 이해하는 능력 등을 비롯해서 말입니다. 물리학을 연구하면 할수록 하나님께서는 우리가 생각할 수 있는 범위 이상으로 섬세하시고 정교하시고 창의적이심을 발견하게 됩니다. 하나님께서는

더 깊이 공부하려면_

페트릭 글린 〈하나님: 증거 God: The evidence〉 1997년 물리학적 증거, 천문학적 증거와 관련하여 자주 제기되는 질문뿐 아니라 추가된 정보와 자료를 살펴보기 원한다면 로빈 콜린스의 개인 홈페이지(www.messiah.edu/~rcollins/ft.htm)를 방문해 보라.

바로 그런 모습으로 우리를 위해 우주를 만드셨다고 생각됩니다. 놀라움으로 가득 차 있는 우주를 말입니다"

5장

쥐덫과 분자 기계 : 생화학적 증거

당신은 쥐덫이라는 보드게임을 기억하는가? 당신은 놀라운 기계 장치를 이용하여 게임을 즐길 수 있다. 이것은 막대기 꼭대기에 설치되어 있는 욕조, 스프링 보드에서 도약할 준비를 하고 있는 플라스틱 사람, 여러 개의 굽은 길과 경사 길로 구성되어 있다. 당신은 당신이 던진 주사위의 결과에 따라, 이 놀라운 장치들이 연쇄반응을 일으키도록 하여 당신의 바구니가 상대편 플라스틱 쥐 위로 떨어지게 한다.

물론 당신은 더 간단한 원리를 가진 쥐덫을 만들 수도 있다. 하지만 그것은 기어를 회전시켜 지레가 밀려나게 하고, 그로 인해 신발이 움직여 물통을 차내게 하고, 그로 인해 공이 계단 아래로 굴러가 도랑에 빠지게 하고 그것을 또한 피스톤 봉 쪽으로 유도하여 두 번째 공이 방출되게 하고, 그 두 번째 공이 욕조 속으로 들어가 스프링 보드가 작동되게 하고, 그로 인해 다이빙하는 사람이 세면대 쪽으로 다이빙을 하게 하고, 그로 인해 바구니가 아래로 떨어져 운이 좋으면 쥐를 잡게 하는 이 놀라운 장치만큼 재미있지는 않을 것이다.

이 장과 관련된 내용을 연구하고 있을 때, 나는 쥐덫을 이용해 분자생물학 분야를 설명한 과학자에 대해 이야기를 들었다. 그것은 보드게임에서 이용되는 괴상한 쥐덫이 아니라 좀 더 근본적이고 견고한 사안을 보여주기 위한 특별한 쥐덫이었다. 마이클 베히(Michael Behe)라고 하는 이 생화학자는 가장 복잡한 과학으로 알려진 살아있는 세포와 관련된 과학의 일부를 상징적으로 보여주는 쥐덫을 창안했다.

기본적인 탐색

내가 펜실베니아의 리하이 대학교 안에 있는 베히의 연구실에서 그와 처음으로 인터뷰를 했을 때, 그는 시중에서 흔히 볼 수 있는 평범한 쥐 덫 하나를 내게 보여주었다. 그는 쥐덫을 구성하고 있는 각각의 요소들을 가리키면서 이렇게 말했다. "당신은 이 각각의 요소들이 어떻게 함께 작동할 수 있는지 이해하고 있을 것입니다."

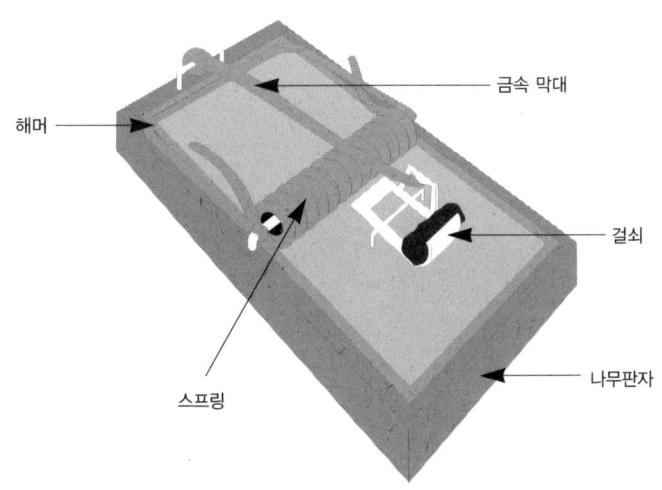

5장 쥐덫과 분자 기계 : 생화학적 증거

- 다른 모든 부품들이 부착되어 있는 편편한 나무 판자가 있습니다.
- 쥐를 압착하는 일을 수행하는 해머가 있습니다.
- 양끝이 길게 연장된 모양을 하고 있는 것으로, 쥐덫이 장치되어 있을 때 나무 판자와 해머 쪽으로 압력을 가하는 스프링이 있습니다.
- 쥐가 미세한 압력만 가해도 풀려서 작동하는 걸쇠가 있습니다.
- 쥐덫이 장치되어 있을 때 걸쇠에 연결되어 해머를 뒤로 제쳐진 상태로 지탱시켜 주는 금속 막대가 있습니다.

베히는 이렇게 설명했다. "당신이 이 부품들 중 일부 즉, 스프링이나, 금속 막대나 그 밖의 것들을 없애 버린다고 합시다. 그러면, 이것은 이전과 비교하여 효용성이 절반으로 줄어든 쥐덫이 됩니까? 아니면, 이 전과 비교하여 쥐를 절반 밖에 잡지 못하는 쥐덫이 됩니까? 그렇지 않습니다. 이것은 쥐를 전혀 잡을 수 없는 쥐덫이 됩니다. 완전히 고장난 쥐덫이 됩니다. 이것은 전혀 작동을 하지 않을 것입니다."

베히가 말하고자 하는 핵심은 이 기초적이며 최대한 단순한 쥐덫은 오직 그 주어진 상태에서라야 맡겨진 일을 잘 처리해 낸다는 것이다. 이 쥐덫에서 그 어떤 부품을 떼어낼 여지는 전혀 없으며, 오직 그 주어진 상태에서라야 원래의 목적을 달성해 낸다. 이처럼 어떤 기계가 더 이상 단순화될 수 없을 때 그것을 과학 용어로 "환원 불가능한 복잡성"이라고 한다. 다시 말해 이 쥐덫은 원래의 모습보다 덜 복잡하게 만들어질 수 없고, 그 주어진 상태에서라야 자기의 일을 수행한다.

그런데 이것이 왜 중요한 문제가 되는가? 베히는 이렇게 말했다. "우리는 세포가 실제로 환원 불가능할 정도로 복잡한 미세기계들에 의해 작동된다고 배워왔습니다. ("세포 안의 공장" "놀랍게 움직이는 섬모" "세상에서 가장 효율적인 모터" 라는 박스들을 살펴보라) 이 미세기계들의 존재는 다윈 스스로가 마련한 표준에 도전장을 내밉니다"

베히가 서술한 표준은 다소 복잡했다. 그래서 그는 그것을 몇 단계로 나누어 설명해 주었다.

> **참고_**
> 만약 어떤 조직이 자신이 해야 할 임무를 완수하기 위해 필요한 모든 부분들을 가지고 있고, 그 부분들 중 하나라도 없애버리면 조직이 작동을 하지 않을 때, 그 조직은 "환원 불가능하게 복잡한(irreducibly complex)" 조직이라고 일컬어진다.

1. 다윈은 「종의 기원」에서 이렇게 말했습니다. "만약 셀 수 없이 많고, 연속적이고, 경미한 변이에 의해 형성될 수 없는 어떤 복잡한 조직의 존재가 증명된다면, 나의 이론은 완전히 붕괴될 것이다"[1]

2. 다윈의 주장에 의하면, 세포를 구성하고 있는 복잡한 분자 미세기계들은 아주 조금씩 순서대로 진화되어 온 것이 분명합니다. 그것을 쥐덫의 예를 통해 설명해 보겠습니다. 맨 먼저 나무판자가 있었을 것입니다. 그리고 그것은 시간이 지남에 따라 해머를 가진 나무판자로 진화되었을 것입니다. 그 다음에는 해머와 스프링을 가진 나무판자로 진화되었을 것입니다. 그 다음은 아시겠죠?

3. 자연선택 또는 "적자 생존"이라 불리는 다윈의 이론은 오랫동안 살아남아 더욱 더 진화된 조직들만이 최선의 일을 수행할 수 있다고 말합니다. 그 말이 맞는다면, 단지 납작한 나무판자에 불과한 쥐덫은 최선의 일을 수행하기 어려울 것입니다. 그런데 이 쥐덫은 최선의 일을 수행하고 있습니다. 자연선택 이론에 따르면, 쥐덫은 가장 진화된 모습이라고 볼 수 없습니다. 이것은 진화 과정에

서 없어져 버려야 했습니다.

4. 쥐덫처럼, 분자 기계들은 환원 불가능할 정도로 복잡합니다. 모든 부품들이 정확한 자리에 있지 않으면 쥐덫은 작동하지 못합니다. 그런데 자연선택은 이미 작동하고 있는 조직들을 선택하기 때문에, 불완전한 분자 기계들은 조금씩 진화하지 못하고 진화의 과정에서 사라져 버리게 됩니다. 아 그리고 한 가지 더 말씀 드린다면, 이처럼 개별적으로 존재하는 미세기계들을 모두 너무나 복잡하기 때문에 무작위한 과정을 통해 동시에 생겨날 수 없습니다.

베히는 쥐덫을 가리키면서 이렇게 말했다. "이렇게 단순한 장치를 만드는 데에도 지적인 설계가 필요한데, 하물며 극도로 미세하게 조정된 세포의 세계라는 기계를 만드는데 지적인 설계가 필요하지 않겠습니까?" 만약 진화론이 이 점을 충분히 설명해 내지 못한다면 과학자들은 마음을 열고 다른 대안들을 고려해 보아야 할 것입니다"

쥐덫에 손을 대기

쥐덫에 관한 베히의 설명은 일리가 있어 보였다. 하지만 나는 그것이 적은 논쟁을 불러 일으켰음을 잘 알고 있었다. 한 과학자가 베히의 쥐덫보다 더 적은 부품으로 구성된 쥐덫이라 할지라도 작동이 잘 될 수 있다고 주장했던 것이다. 나는 베히에게 물었다. "그의 주장이 맞는다면, 박사님의 쥐덫은 환원 불가능할 정도로 복잡하지 않다는 말이 되나요?"

"조금도 그렇지 않습니다" 그는 선해 보이는 웃음을 지어

▶▶▶ **세포 안의 공장**

"전체 세포는 정교한 네트워크 즉, 서로 맞물려서 돌아가는 조립 라인을 가진 공장처럼 보일 수 있습니다. 각각의 세포는 거대한 단백질 기계들의 집합으로 구성되어 있는 것입니다… 그렇다면 왜 우리는 그것들을 기계라고 부르니까? 왜냐하면, 인간에 의해 발명된 기계들이 눈에 보이는 세상을 효율적으로 만들기 위해 조화롭게 작동되고 있듯이, 이 단백질들 또한 세포를 효과적으로 활동시키기 위해 고도로 조화롭게 작동되고 있기 때문입니다"[2]
– 부르스 알버트, 국립과학원 원장

보이면서 이렇게 대답했다. "저의 쥐덫보다 부품이 적은 쥐덫이 있다는 데에는 동의합니다. 당신은 막대기로 상자를 받쳐 놓을 수도 있습니다. 또는 *끈끈이* 쥐덫을 사용할 수도 있습니다. 또는 쥐가 빠지도록 구멍을 팔 수도 있습니다. 이 밖에도 당신은 쥐를 잡기 위해 많은 방법을 동원할 수 있습니다.

환원 불가능한 복잡성의 핵심은 더 적은 부품을 가지고 다른 방식으로 작동하는 그 어떤 다른 체계를 만들어 낼 수 있느냐 없느냐에 있지 않습니다. 그것의 핵심은 우리가 지금 이야기하고 있는 쥐덫이 제대로 작동하려면 모든 부품들이 있어야 한다는데 있습니다. 진화론자들은 점진적인 진화 즉, 수많은 작은 변이의 연속에 의해 이 쥐덫이 만들어질 수 있다고 도전합니다. 당신은 그렇다고 생각합니까? 절대 그렇지 않습니다. 하지만 혹시 그럴 수 있어서 당신이 점진적인 진화를 시도한다고 가정해 봅시다. 그러려면 당신은 당신의 지성을 사용해야 할 것입니다. 그런데 다윈주의들이 주장하는 진화를 기억해 보십시오. 그들은 복잡한 체계들이 그 어떤 지성의 개입도 없이 조합될 수 있다고 주장합니다"

"좋습니다. 그런데 이것에 대해서는 어떻게 생각하십니

까?" 나는 베히에게 이런 도전을 던졌다. "혹시 환원 불가능할 정도로 복잡한 체계들은 오랜 시간이 지남에 따라 점진적으로 진화했는지 모릅니다. 왜냐하면 각각의 요소들이 더욱

> ▶▶▶ **놀랍게 움직이는 섬모**
>
> 섬모는 세포 표면에 붙어있는 작은 털처럼 보인다. 하지만 과학자들은 전자 현미경을 통해 이 섬모가 매우 정교한 분자 기계라는 사실을 알게 되었다.
> 당신의 기도에는 섬모가 줄지어 있다. 각각의 섬모에는 200개 정도의 세포가 있다. 그것들은 점액을 목구멍 쪽으로 쓸어버려 재채기를 유발시키기 위해 함께 부딪히면서 움직인다. 전자현미경으로 그것들의 움직임을 살펴보면 마치 싱크로나이즈 수영선수들 같이 보인다. 이러한 섬모의 움직임으로 당신의 몸은 우연히 흡입한 작은 이물질들을 몸 밖으로 배출할 수 있다. 하지만 섬모에게는 또 다른 기능이 있다. 만약 세포가 움직일 수 있다면, 섬모는 노를 저어 유체를 헤치고 나갈 수 있다. 정자 세포가 그 한 예이다. 그것들은 섬모의 노젓기 운동을 통해 앞으로 나아갈 수 있다.
> 그렇다면 무엇이 섬모가 그렇게 할 수 있도록 하는가? 섬모는 200개 정도의 단백질 성분으로 구성되어 있다. 피스톤봉(rods), 연결자(linkers), 모터(motors)라 불리는 세 가지 부분이 함께 작동해야 섬모는 움직일 수 있다. 만약 연결자가 없다면, 미끄러지는 움직임이 시작될 때 모든 것은 산산조각 나고 말 것이다. 만약 모터 단백질이 없다면, 섬모는 전혀 움직이지 못할 것이다. 만약 피스톤

봉이 없다면 움직일 대상이 없게 될 것이다. 그래서 쥐덫과 마찬가지로 섬모는 환원 불가능하게 복잡하다.

다윈주의자들이 주장하는 진화론으로는 섬모를 설명할 수 없다. 그 무엇이라도 개별 요소 혼자만으로는 일을 수행해 낼 수 없다. 모든 것이 적절하게 배치되어 있어야 한다. 진화론이 이것을 설명할 수 있기 위해서는 어떻게 이것들이 점진적으로 진화할 수 있었는지 생각해 내야 한다. 하지만 이렇게 할 수 있는 사람은 아무도 없었다.

섬모를 구성하고 있는 각각의 요소들은 우연히 결합될 수 있는가? 세포 안에 1만 개의 단백질들이 있다고 해 보자. 그리고 당신이 살고 있는 마을의 주민 수가 1만 명이고 그들 모두가 동시에 마을 축제에 간다고 상상해 보자. 그리고 재미있게도 그 사람들 모두가 눈가리개를 찬 채 아무 말도 하지 못하게 되어 있다고 상상해 보자. 그리고, 그 사람들 중에는 당신과 이름이 똑 같은 사람이 두 명 있는데, 당신은 아무런 정보 없이 그들을 찾아서 그들의 손을 잡아야 한다고 상상해 보자. 당신이 무작위로 두 사람에게 다가가 그들의 손을 잡았을 때, 그들의 이름이 당신의 이름과 똑같을 확률이 얼마나 되겠는가? 매우 낮을 것이다. 사실, 불가능에 가까울 것이다. 세포에서 돌연변이율은 굉장히 낮다. 그것을 비유해서 설명하면, 당신은 일 년에 한 번 있는 마을 축제에서 파트너를 한 번 밖에 교체할 수 없다는 의미이다.

당신은 두 명에게 다가가 손을 잡는다. "죄송합니다. 당신들은 저와 같은 이름을 가진 분들이 아니군요" 다음 해, 당신은 또 두 명에게 다가가 손을 잡는다. "죄송합니다. 이번에도 아니군요" 당신이 당신과 같은 이름을 가진 두 사람과 손을 잡을 수 있으려면 얼마나 오랜 시간이 걸리겠는가? 아마도 굉장히 오랜 시간이 걸릴 것이다. 세포의 경우에서도 이 사실은 동일하게 적용된다. 세 개의 단백질이 합쳐지는 데에도 엄청나게 오랜 시간이 소요된다. 그런데 어떤가? 섬모는 1만 개의 단백질로 구성되어 있다!

5장 쥐덫과 분자 기계 : 생화학적 증거

복잡한 기계로 진화하는 과정에서 자연선택의 보존을 받을만한 다른 기능을 가지게 되었을지 모르니까요"

나는 〈네추럴 히스토리〉지에 실린 다음의 기사를 읽었다.

두 가지 부품(걸쇠, 금속 막대)을 떼내어 보십시오. 그러면 당신은 더 이상 쥐덫은 가지지 못하게 될 것입니다. 하지만 당신은 넥타이핀 내지는 종이클립의 역할을 충분히 해 낼 만한 세 가지 부품의 기계는 가질 수 있을 것입니다. 스프링을 빼어내 보십시오. 그러면 당신은 두 개의 부품의 열쇠고리를 가지게 될 것입니다. 어떤 쥐덫의 걸쇠는 낚싯바늘로 사용될 수 있고 나무 판자는 문진으로 사용될 수 있습니다. 다른 부품들도 칫솔걸이로부터 호두까는 기구, 클립보드에 이르기까지 다양한 용도로 유용하게 사용될 수 있습니다. 핵심은 오랫동안 과학적으로 알려진 바와 같이, 환원 불가능할 정도로 복잡하다고 여겨지는 기계들의 부속들과 부품들은 비록 다른 기능이긴 하지만 여전히 유용하게 사용될 수 있다는 것입니다.[3]

이 기사를 접하고도 베히는 위축되지 않았다. "물론, 생화학적 기계들 안의 어떤 부품들이 다른 기능들을 가지게 될 수 있다는 것은 사실입니다. 하지만 문제는 여전히 남습니다. 다른 기능들을 가진 부품들이 수 없이 많은 일련의 작은 변이들을 통해 또 다른 기능을 가진 부품으로 변화할 수 있습니까?

"쥐덫의 한 부품이 문진(paper · weight)의 기능을 할 수 있을까요? 글쎄요. 문진으로 이용되려면 무엇이 필요하겠습니까? 우선 질량이 필요할 것입니다. 그리고 존재하고 있어야 할 것입니다. 그런 식으로 설명하면, 코끼리 또는 컴퓨터 또는 막대기도 문진이 될 수 있습니다.

"하지만 진화론에게 던지고 싶은 질문은 당신이 쥐덫을 가져다가 그것의 부품들을 다른 무엇인가를 위해 사용할 수 있는가가 아니라, 문진과 같이 다른 어떤 것을 가지고 시작해서 쥐덫으로 만들 수 있는가 입니다."

이것이 바로 당신이 쥐덫이라는 보드 게임에서 하고 있는 일이다. 당신은 서로 관계없는 여러 부품들을 가져다가 그것으로 쥐덫을 만든다. 당연히 당신은 모든 부품들을 잘 이해하고 조립하기 위해 당신의 지성을 사용한다. 한편 베히는 내게 또 다른 문제를 상기시켜 주었다. "설령 모든 부품들이 쥐덫의 일부가 되기 전부터 다른 어떤 기능을 가지고 있었다 해도, 그것들을 통해 쥐덫이 어떻게 조립될 수 있는가 하는 문제는 여전히 남습니다"

"좀 더 자세히 설명해 주실 수 있습니까?" 나는 이렇게 물었다. "쥐덫을 조립할 때, 사람들은 여러 서랍들 속이나 그 밖의 다른 곳에 두었던 각각의 부품들을 하나하나 꺼내서 조립합니다. 하지만 진화론에 의하면, 세포 속에서 그런 일을 하는 존재는 없습니다. 만약 당신이 이러한 조립이 저절로 일어날 가능성을 계산해 본다면 아마도 당신은 불가능에 가까운 수치를 얻게 될 것입니다. 아무리 시간을 많이 준다 할지라도, 작은 기계들 조차도 스스로 조립될 것이라고 기대하는 사람은 아무도 없을 것입니다. 이것은 진화론자들이 다루고 싶어하지 않는 심각한 문제입니다.

쥐덫을 시험관 안에 넣기

물론, 쥐덫은 사람들에게 환원 불가능하게 복잡한 체계를 이해시키도록 돕기 위해 고안된 그림에 불과하다. 하지만 베히가 말한 환원 불가능한 복잡성을 과학적으로 증명하는 방법이 있다.

열성적 진화론자이자 생물학과 교수인 케네스 밀러(Kenneth Miller)는 이렇게 주장했다. "베히의 이론이 틀렸음을 증명할 수 있는 유일한 방법은 여러 부분으로 구성되어 있는 체계를 없애버리고 진화가 그것을 대체할 수 있는 구원적 체계가 될 수 있는지 살펴보는 것입니다. 만약 그 체계가 순전히 자연주의적 진화 과정에 의해 대체될 수 있다면, 베히의 이론은 잘못된 것으로 증명될 것입니다"

밀러는 이러한 실험들이 실험실에서 어떻게 실시되고 있는지 보여주기 위해 로체스터 대학교의 과학자 베리 홀이 실시한 실험을 계속해서 소개해 주었다. 밀러는 이런 결론을 내렸다. "여기에는 의심의 여지가 없습니다. 생화학적 체계들, 심지어 여러 부분으로 되어 있는 복잡한 체계들도 진화론에 의해 설명될 수 있습니다. 베히의 주장은 틀렸습니다"[4]

나는 베히에게 단도직입적인 질문을 던졌다. "홀은 박사님의 이론이 틀렸다고 주장했는데, 그는 실험을 통해 그것을 증명했습니까? 이에 대해 말씀해 주십시오"

베히는 전혀 당황하지 않고 이렇게 대답했다. "아니요. 전혀 그렇지 않습니다. 사실 홀은 자신의 실험이 보여준 내용에 대해 매우 신중한 태도를 보입니다. 그는 복잡한 체계를 완전히 없애버리지 않았습니다. 그리고 어떻게 진화가 그것을 대

▶▶▶ **세상에서 가장 효율적인 모터**

나는 빠른 차를 좋아한다. 최근 한 친구는 이국적인 고성능 스포츠카에 나를 태우고는 분당회전수(RPM)를 최대로 높여 운전을 한 적이 있다.
그래서인지, 나는 회전 프로펠러처럼 작동하고 분당회전수가 10,000회를 넘는 박테리아 편모라는 생물학적 기계에 대해 배우는 것이 참으로 매력적으로 느껴졌다.
4기통, 2리터의 엔진배기량, DOHC 알루미늄 블록엔진, 기통 당 4개의 벨브, 가변 흡입/배기 밸브 타이밍 조절 장치를 가진, 최고 성능으로 유명한 혼다 S2000도 분당회전수가 9000회에 불과하다.[5] 그런데, 박테리아 편모는 그렇게 작음에도 불구하고(약 1/20,000 인치) 혼다 S2000보다 높은 성능을 지니고 있다. 그것은 1/4 회전 만에 회전을 멈추고, 즉시 반대 방향으로 전환하여 분당회전수 10,000의 속도로 돌기 시작한다. 그러니, 하버드 대학교의 하워드 버그(Howard Berg)가 이 박테리아 편모를 우주에서 가장 효율적인 모터라고 부른 것은 이상한 일이 아니다.

체할 수 있는지도 보여주지 않았습니다. 대신 그는 대 여섯 개 부분으로 구성된 한 체계 내에서 한 가지 부분을 없애 버렸습니다. 한 복잡한 체계 안에서 한 가지 부분을 대체하는 것은 아무것도 없던 것에서 한 체계를 만들어 내는 것보다 훨씬 쉽습니다.

박테리아 편모의 그림을 보면, 그것은 마치 인간이 만들어 낸 신기한 기계처럼 보인다. 때로 마이클 베히는 사람들에게 생화학 교과서에 실린 박테리아 편모의 그림을 보여 준다고 하는데, 그 때마다 사람들은 그것이 나사(미우주항공국)에서 만든 물건처럼 보인다고 말한다고 한다.

어떤 과학자는 능숙한 기술자였지만 지적 설계 주장에 대해서는 매우 회의적인 아버지에 대해 이야기해 주었다. 그의 아버지는 이 세상이 지적 존재에 의해 설계되었다는 사실을 너무도 굳게 믿고 있는 아들을 도무지 이해하지 못했다고 한다. 그런데 어느 날 이 과학자는 아버지에게 박테리아 편모의 그림을 보여주었다. 그러자 그 엔지니어 아버지는 홀린 듯 얼마간 아무 말 없이 그것을 유심히 관찰하더니 이후 고개를 들어 경이감 섞인 목소리로 아들에게 이렇게 말했다고 한다. "오, 이제야 네가 지금까지 해 왔던 말들을 이해하겠구나" 박테리아 편모의 그림을 단순히 보여주는 것만으로도 그것이 설계자의 창조물이 분명함을 그에게 충분히 확신시켜 줄 수 있었던 것이다.

"예를 들어, 누군가 당신에게 자연적인 과정만으로 텔레비전이 작동될 수 있다고 말한다고 합시다. 당신은 이렇게 말합니다. '정말 재미있는데요. 한 번 보여주실 수 있나요?' 그러자 그는 플러그가 뽑혀 있는 천 대의 텔레비전을 가지고 옵니다. 그런데 갑자기 강력한 바람이 불어옵니다. 그래서 플러그 하나가 뒤로 날려가 코드 구멍에 꽂혀 화면이 나옵니다. 그러자 그는 이렇게 말합니다. "봤죠? 제가 말한 대로죠? 자연적 과정만으로 텔레비전이 작동될 수 있죠?" 하지만 그것은 받아들일 수 없는 주장입니다. 그는 복잡한 체계를 새롭게 만들어내지 않았습니다. 그는 단지 기계에 사소한 문제가 있다는 것과 그것이 아주 가끔씩 우연적인 과정에 의해 해결될 수 있다는 것을 보여주었을 뿐입니다.

"이것은 대장균을 가지고 실시했던 홀의 실험과 약간 비슷합니다. 수많은 다른 부분들로 구성된 하나의 복잡한 체계가 있었습니다. 그는 그것들 중 한 부분을 없애 버렸습니다. 그리고는 얼마 후, 무작위한 과정을 통해 그 한 부분이 채워지는 것을 보여주었습니다. 그것은 아무것도 없던 것에서 완전히 새로운 체계를 만들어 내는 것과는 아주 거리가 먼 일이었습니다.

"하지만 여기에는 또 한 가지 중요한 사실이 있습니다. 홀은 한 체계에서 없어진 한 부분을 진화가 보완할 것이라고 주장해 놓고도 그 진화가 이루어지기도 전에 그 한 체계가 계속해서 잘 작동하도록 하기 위해 자신이 어떠한 개입을 했음을 밝혔습니다. 다시 말해, 그는 없어진 한 부분을 채워줄 돌연변이를 만들어 내기 위해 기존에 혼합물에 어떤 화학물질을 첨가했습니다. 만약 이 실험에서 그의 지성이 개입되지 않았다면 그런 결과는 저절로 일어나지 않았을 것입니다.

또 다른 비유를 들어 봅시다. 가정하건대, 당신은 무작위한 과정을 통해 세 발 달린 의자를 만들 수 있다고 주장합니다. 당신은 세 발 달린 의자를 가져다가 다리 한 개를 부러뜨립니다. 그런 다음, 의자가 넘어지지 않도록 붙잡습니다. 그런데 그때 마침 불어온 바람 때문에 나무 가지 하나가 꺾여 떨어지면서 부러진 의자 다리 위치에 끼었습니다. 우연하게도 그것이 부러진 의자의 다리 길이와 같았습니다. 만약 당신의 개입이 없었다면, 즉 당신이 의자를 붙잡고 있지 않았다면, 의자는 쓰러졌을 것입니다. 또한 그 나뭇가지는 부러진 의자 다리

하나를 대체할 수 없었을 것입니다.

"홀은 자연 상태에서는 결코 일어날 수 없는 결과를 실험을 통해 얻어 내기 위해 스스로 실험에 개입했습니다. 그는 그것을 분명히 밝혔습니다. 즉 그는 체계 안에 지성을 주입시켰습니다.

"당신은 환원 불가능한 복잡성은 지성의 개입에 의존할 수밖에 없다고 생각하지 않습니까? 이 실험 전체를 분석해 볼 때에도 그렇지 않습니까? 홀 역시 그런 결론을 도출할 수밖에 없습니다. 부지불식간에, 그는 다윈주의의 한계와 설계의 필요성을 보여주는 결과를 낳고 말았습니다."

●● 결론에 이르다

환원 불가능한 복잡성 이론을 전개하면서 베히는 두 가지 결론을 내렸다.

1. 베히는 이 생물학적 기계들은 다윈의 이론이 주장하는

변이들 즉, 수없이 일어나는 일련의 작은 변이들을 통해 만들어질 수 없다는 결론을 내렸다.
2. 베히는 복잡한 생물학적 기계들이 어떻게 만들어질 수 있었는지를 충분히 설명하는 대안이 존재한다고 말했다.

"저의 결론은 한 단어로 요약될 수 있습니다. 그것은 바로 '설계' 입니다." 베히는 인터뷰가 끝나가는 시점에서 이렇게 말했다. "저는 과학에 기초하여 말하고 있습니다. 저는 환원 불가능한 체계들이 존재한다는 것은 그것이 목적과 의도를 가진 어떤 지적 존재의 설계임을 말해주는 강한 증거라고 믿습니다. 그 밖의 다른 이론들은 이것을 합리적으로 설명해 낼 수가 없습니다. 다윈주의는 말할 것도 없습니다."

나는 증거로부터 결론을 도출해 내는 것을 좋아한다. 그래서 나는 세포를 과학적으로 더 깊이 탐구해 보기로 결심했다. 그리고 과학적 증거들은 어디를 향해 달려가고 있는지도 살펴 보기로 했다.

더 깊이 공부하려면

마이클 베히 《다윈의 블랙박스: 진화론에대한 생화학적 도전 Darwin's Black Box: The Biochemical Challenge to Evolution》, 1996년

6장

DNA와 생명의 기원 : 생물학적 정보의 증거

아인슈타인은 이렇게 말했다. "하나님은 주사위 놀이를 하지 않으신다" 그의 말이 옳았다. 하나님께서는 정교한 작업을 하신다.

해부학자 필립 골드(Philip Gold) 또한 이와 비슷한 말을 했었다. 만약 당신이 "생명의 언어"가 저장되어 있는 DNA 문자열을 한번 살펴 본다면, 골드가 한 말이 얼마나 이치에 맞는지 바로 이해하게 될 것이다.

이중 나선 구조와 유사한 DNA 또는 디옥시리보핵산

(deoxyribonucleic acid)은 기본적으로 우리 몸의 세포를 구성하는 단백질을 만들어 내는데 필요한 안내문이다. 우리는 DNA가 각기 다른 특성을 가진 네 가지 코드 형태로 정보를 저장하고 있음을 알고 있다. 그것은 바로, 아데닌(adenine), 구아닌(guanine), 시토신(cytosine), 티민(thymine)이라 불리는 화학물질

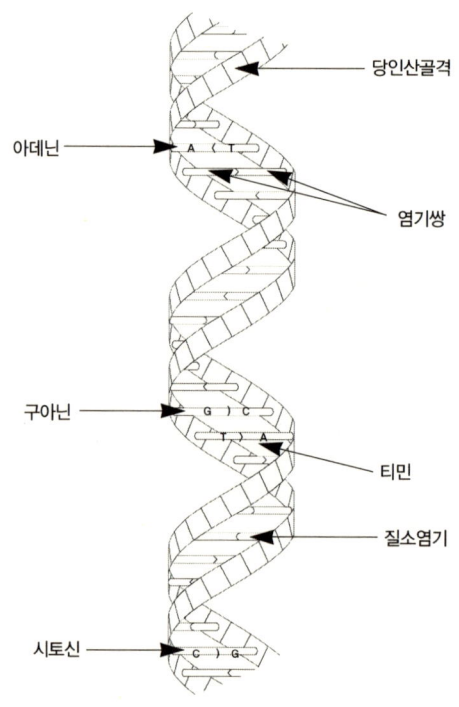

들이다. 과학자들은 이것들을 A, G, C, T라는 문자로 표시한다. 이 네 가지 문자들 즉, DNA 알파벳은 우리의 건강 유지를 위해 필수적인 모든 단백질들을 생성해 내는데 필요한 모든 정보를 상세히 설명하고 있다.

마침내 과학자들이 30억 개의 인간 게놈 염기서열 지도를 완성했다고 선언했을 때(이 프로젝트는 뉴욕타임즈 75,490페이지와 맞먹는 분량을 채웠다), 인간 게놈 프로젝트의 수장이었던 유전학자 프란시스 S. 콜린스는 이렇게 말했다. "DNA는 이전에는 오직 하나님께만 알려졌던 우리 자신의 사용설명서였습니다." [1]

이 말은 단지 미사여구에 불과한 것인가? 아니면, DNA 안에 있는 정보는 참으로 지적 설계자가 단백질 조성에 필요한 유전물질을 창조했음을 보여주는가? 나는 캠브리지 대학교에서 박사학위를 받았으며 지금은 디스커버리 연구소에서 일하고 있는 스티븐 C. 마이어와의 대화를 통해 이 사실을 조사해 보기로 마음 먹었다. 그는 DNA 안에 있는 정보는 지적 설계자의 존재를 증명하고 있다고 확신하는 과학자였다. 내가 이 장에서 소개할 그의 견해와 예증은 내가 생물학적 정보에 관한 문제를 이해하는데 정말로 많은 도움을 주었다.

●● 유전자 암호 살피기

우리는 26가지 알파벳 문자만을 가지고도 정보를 전달할 수 있음을 경험적으로 알고 있다. 심지어, 0과 1이라는 컴퓨터의 이진 부호만을 사용하고도 정보를 전달할 수 있다. 하지만 여기서 중요한 사실은, 문자열이 정확한 순서로 배치되어야 한다는 것이다. 순서는 결합과 해체를 명확히 구분한다.

이것은 유전자에게도 사실로 적용된다. DNA 안에는 아미노산과 단백질들을 결합시키기 위해 정확히 배치된 A들, C들, G들, T들이 길게 나열되어 있다. 이 문자들의 배치가 달라지면 아미노산의 순서가 달라지게 된다.

50년 이상, 과학자들은 우리 몸 안에 있는 100조 개의 세포 안에 단단히 감겨

참고_

DNA는 모든 복잡한 조직들을 위한 유전적 정보의 운반자이다.
유전자는 세포에게 특별한 단백질을 만들어 내는 방법을 알려주는 DNA의 배열이다.
염색체는 유전자를 발생시키는 DNA의 요소들이다.
살아있는 생명체 안에 있는 모든 유전자의 총체를 게놈(Genome)이라고 부른다.

있는 6피트의 DNA를 연구해 오면서, 그것이 우리 몸을 구성하는 각기 다른 모든 단백질들을 만들어 내는데 필요한 유전 정보를 제공하는 방법을 보고 경탄해 왔다. 실제로 우리 몸의 23쌍의 염색체 안에 간직되어 있는 3만 개의 유전자들은 각각 20,500 종류나 되는 서로 다른 단백질들을 만들어 낼 수 있다.[2]

DNA 안에 이처럼 특별한 정보가 있다는 사실은 중대한 논쟁을 야기시켰다. 만약 당신이 이러한 정보가 어디에서 생겨났는지 설명할 수 없다면, 당신은 생명을 설명할 수 없게 될 것이다. 왜냐하면 이것은 분자를 실재적인 기능을 가진 어떤 것으로 만들어 주는 정보이기 때문이다.

언젠가 빌 게이츠(Bill Gates)는 이렇게 말했다. "DNA는 소프트웨어 프로그램과 같습니다. 다만 분자는 사람들이 지금까지 고안한 그 어떤 것들보다 훨씬 더 복잡할 뿐입니다." 빌 게이츠는 마이크로소프트 사에서 소프트웨어를 생산해 내기 위해 지적인 프로그래머들을 활용한다. 이와 유사한 차원에서 오늘날 많은 과학자들은 지적인 설계자가 DNA를 프로그래밍 했다는 설명이 이치에 맞는다고 믿는다.

●● 잃어버린 스프

지적인 존재가 DNA와 살아있는 세포를 설계했다는 이론은 내게 합리적으로 들렸다. 하지만 나는 생명의 기원에 관한 다른 이론들을 무턱대고 무시할 마음은 없었다.

1871년, 찰스 다윈은 한 편지에 모든 적절한 요소들이 모여 있는 "어떤 따뜻하고 작은 연못"에서 단백질 혼합물이 화학적으로 형성되었을 때 생명은 시작되었을 것이라고 추측한 내용을 적었다. 오늘날 이 개념은 너무나 널리 받아들여지고 있어서 생명의 기원에 관한 대부분의 이론들은 이 "생명 발생 이전의 스프(Prebiotic Soup)" 즉, "생명을 발생시킬 수 있는 환경인 유기적 혼합물"을 필수전제로 삼는다.

나는 이 원시 바다에 관한 증거를 탐구해 보기로 결심했다. 그런데 아쉽게도 나는 아무런 증거도 찾아내지 못했다.

내가 배운 바로는, 만약 이 "생명 발생 이전의 스프"가 존재했다면, 거기에는 아미노산이 풍부하게 있었을 것이다. 또한 질소도 많이 있었을 것이다. 왜냐하면 아미노산은 질소를 많이 함유하고 있기 때문이다. 그래서 지구의 최초 퇴적물들을 조사하는 과학자들은 질소가 풍부하게 함유된 무기물들을 많이 발견해야 했을 것이다.

▶▶▶ **빌 게이츠와 하나님**

오늘날 빌 게이츠가 소프트웨어를 개발하는 것을 보고서, 하나님께서 생명을 창조하실 때, DNA를 만드셨음을 유추할 수 있는가? 즉, 오늘날 볼 수 있는 예를 통해, 생명 탄생 시점의 상황을 설명하는 것은 타당한가?

실재로, "동일과정 논리(uniformitarian logic)"라고 불리는 이러한 추론 방식은 과학적 사고 방식에 큰 일부분을 차지하고 있다. 이것은 우리가 현재 알고 있는 인과관계는 과거에 일어났을 것으로 추정되는 일에 영향을 미쳐야 한다는 의미이다.

디스커버리 연구소, 스티븐 C. 마이어의 설명을 예로서 인용해보자. "당신이 어떤 암석층에서 고대로부터 보존되어 온 물결 흔적을 발견했다고 합시다. 그리고 현재, 강물이 증발하면서 강 바닥에 이와 동일한 종류의 물결 흔적이 생기는 것을 발견했다고 합시다. 그러면 당신은 당신이 현재 알고 있는 원인(증발한 강물)과 결과(물결 자국)을 토대로, 과거에도 그와 비슷한 원인과 결과가 있었을 것이라는 합리적인 가정을 할 수 있습니다"

그래서, 만약 현재 우리가 컴퓨터 프로그램과 같이 복잡한 정보가 그 누구의 개입도 없이 개발되는 것을 목격하고 있다면, 생명 탄생 초기, 세포의 DNA 안에 있는 복잡한 정보도 자기 스스로 개발되었다고 가정해도 그것은 합리적이다. 하지만 우리가 경험적으로 이해하듯이, 정보는 항상 지적인 출처를 가지고 있다. 이것은 너무나 명백한 사실이다. 때문에 우리는 DNA 안에 있는 복잡한 정보도 지적인 근원이 있음을 논리적으로 유추할 수 있다.

6장 DNA와 생명의 기원 : 생물학적 정보의 증거

하지만 그런 퇴적물들은 전혀 발견되지 않았다. ("스프가 있었다고?"라는 박스를 참고하라)

이것은 내게 있어 놀라운 발견이었다. 과학자들은 마치 "생명 발생 이전의 스프"를 이미 주어진 것으로 생각하고 그것에

▶▶▶ **스프가 있었다고?**

다음의 과학자들은 화학물질들이 모여 있는 원시 바다, 다시 말해 "생명 발생 이전의 스프"라고 불리는 것에 관한 증거를 찾아 보았지만, 아무런 수확도 올리지 못했다.

"초기 유기물의 질소 함유량은 겨우 0.5% 정도로 매우 낮았습니다. 이로 인해, 우리는 캄브리아기 이전의 퇴적물이 형성되었을 때, 지구 상에는 상당한 양의 "원시 스프"가 결코 존재하지 않았음을 확인 할 수 있습니다. 혹시 그런 스프가 존재했었더라도 그것은 아주 짧은 시간 동안 이었을 것입니다"[3]

— 짐 브룩스, 지구화학자

"생명의 기원에 관한 수 많은 논의에서 "생명 발생 이전의 스프"는 이미 입증된 진실인 것처럼 언급됩니다. 이러한 점을 고려할 때, 이것의 존재에 관한 구체적인 증거가 전혀 발견되지 못한 것은 참으로 충격적인 일입니다"[4]

— 마이클 덴톤, 유전학자

대해 판에 박힌 이야기를 해왔던 것이다. 나는 조사를 계속하는 과정에서 또 다시 놀라운 일을 경험했다. 나는 초기 지구의 대기 상태를 재현하려고 시도했고 그곳에 전기 충격을 가했던 스탠리 밀러와 다시 만나게 된 것이었다. (3장을 참고하라) 비록 지금의 과학자들은 그가 재현했던 지구의 대기를 비현실적이라고 인식하고 있지만 그래도 그는 대기 중에 존재했던 22개의 아미노산들 중 단백질을 형성하는 아마노산 2~3개를 가까스로 만들어 내긴 했다.

하지만 여기에는 내가 미처 알지 못했던 사실이 있었다. 그것은 바로, 비록 밀러가 만들어 낸 아미노산은 플라스크 속에서 매우 빠르게 다른 화학물질들과 반응을 하긴 했지만, 그 결과로 만들어진 물질은 전혀 생명 친화적이지 않은 갈색 침전물이었다는 사실이다. 이후 과학자들이 이 문제를 어떻게 처리했는지 아는가? 그들은 다음에 이어질 반응들이 실험을 생명 친화적인 방향으로 이끌기를 희망하면서 다른 화학물질들을 제거해 버렸던 것이다.

그들은 실험 안에서 일어나는 자연적인 과정을 지켜보는 대신, 그들의 원하는 결과를 얻기 위해 실험에 개입했다. 당신도 느꼈겠지만, 그들은 지적인 설계자로서 행동했던 것이다. 즉 밀러의 실험은 내가 예상했던 것과는 달리 실험자가 인위적으로 개입했던 실험이었다. 설령 원시 지구가 적절한 물질들로 가득 찬 바다였다 해도 그곳에서 생명이 생성되는 데에는 많은 장애물들이 있었을 것이다. 이것은 의심의 여지가 없는 일이다. 하지만 그 밖의 다른 가능성들은 없었을까? 나는 스티븐 마이어로부터 세 가지 가능한 시나리오가 있음을 배우게 되었다.

시나리오 1: 무작위한 우연

비록, 생명이 무작위한 우연에 의해 형성되었다는 생각은 현재 과학자들 사이에서 진지하게 받아들여지지 않고 있지만, 대중적인 차원에서는 아직까지 상당한 영향력을 미치고 있다. 예를 들어, 많은 학생들은 아미노산이 자기들끼리 내부에서 무작위한 상호작용을 하도록 내버려두면, 언젠가는 생명이 생겨날 것이라고 생각한다.

이 이론이 내포하고 있는 문제들은 너무나 분명하고 빠르게 내게 다가왔다. 아무리 간단한 책이라 할지라도 휘갈겨 쓰여진 문자들을 바닥에 내던지는 방법 내지는 눈을 감고 가방에서 낙서된 글자들을 꺼내는 방법으로 그 책을 만들 수 있겠는가? 아무리 많은 시간이 주어진다 할지라도 그런 방법으로 햄릿을 완성해 낼 수 있겠는가? 단순한 단백질 분자라 할지라도 그것은 너무나 많은 정보를 가지고 있기 때문에 지구 역사 전체의 시간이 주어져도 우연한 방법으로는 그것을 생성해 낼 도리가 없다. ("저절로 쓰여진 책"이라는 박스를 참고하라)

▶▶▶ **저절로 쓰여진 책**

"인간의 DNA는 브리테니커 백과사전보다 더 체계화된 정보를 담고 있습니다. 만약 브리테니커 백과사전의 모든 내용들이 우주 공간으로부터 전해진 암호를 통해 컴퓨터에 내장된다면, 대부분의 사람들은 이것을 우주 밖에 놀라운 지성이 존재한다는 증거로 여길 것입니다. 하지만 자연에서 그런 증거들이 보일 때에는 그것을 우연한 힘의 작용으로 설명하려 합니다."[5]

― 조지 심 존슨(George Sim Johnson)

6장 DNA와 생명의 기원 : 생물학적 정보의 증거

설령, 첫 번째 분자가 오늘날의 분자보다 훨씬 더 단순했다 할지라도, 그 분자가 제 기능을 하도록 하기 위해서는 단백질이 최소한의 구조를 하고 있어야 한다. 혹시 당신은 이 사실을 알고 있었는가? 최소 75개 이상의 아미노산이 존재하지 않는다면, 단백질 안에서 그러한 구조는 이루어 질 수 없다는 사실을 말이다. 그렇다면 단백질 분자가 우연히 만들어지려면 무엇이 필요한지 생각해 보자.

- 첫 째, 아미노산 사이에 올바른 결합이 있어야 한다.
- 둘 째, 아미노산은 오른손잡이와 왼손잡이로 존재하는데, 오직 왼손잡이 아미노산들만 모여야 한다.
- 셋 째, 아미노산은 문장 속에 글자들처럼 특정한 순서로 연결되어야 한다.

이 세 가지가 다 저절로 들어 맞을 확률은 거의 없다. 아주 짧은 기능 단백질이라 할지라도 그것이 저절로 생겨날 가능성은 10만×1조×1조×1조×1조×1조×1조×1조×1조×1조×1조분의 1이다. 이것은 분모에 0이 125개나 붙는 수치다.

게다가 그것은 단백질 분자 한 개에 해당하는 수치이다. 아무리 단순한 세포라도 300개~500개 정도의 단백질 분자가 필요한데 말이다.

이런 확률로 볼 때, 왜 1960년 대 이래로 과학자들이 DNA나 단백질의 기원에서 우연이 중대한 역할을 했다는 생각을 단념해 왔는지 이해하는 것은 어렵지 않다. ("거의 기적이다" 라는 박스를 참고하라)

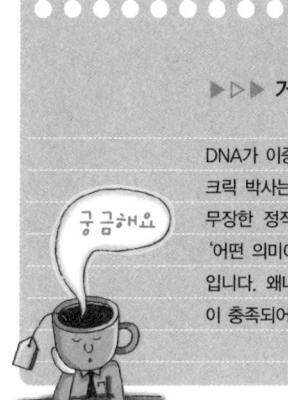

▶▷▶ 거의 기적이다

DNA가 이중 나선 구조를 하고 있음을 공동으로 발견한 프란시스 크릭 박사는 이렇게 시인했다. "현재 입수할 수 있는 모든 정보로 무장한 정직한 사람이라면, 이렇게 말할 수밖에 없을 것입니다. '어떤 의미에서 생명의 기원은 현재 상황에서는 거의 기적으로 보입니다. 왜냐하면 생명이 발현되기 위해서는 너무나 많은 조건들이 충족되어야 하기 때문입니다'"⁶

6장 DNA와 생명의 기원 : 생물학적 정보의 증거

시나리오 2: 자연선택

"무작위한 우연"은 생명의 기원을 제대로 설명하지 못한다. 그렇다면 우연한 변이에 작용하는 자연선택은 생명의 기원을 제대로 설명할 수 있을까?

이 이론의 문제점은 생명이 생기기 전에는 자연선택이 일어나지 않는다는 것이다. 자연선택설이 합리성을 인정 받기 위해서는 복제가 이루어져야 한다. 자연선택설에 따르면 생물들은 복제를 하며 그 후손들은 변이를 한다. 그리고 그 후손들 중에서 환경에 더 잘 적응하는 것들은 생존하며, 그것들의 적응력은 보존되어 다음 세대에 전해진다.

그런데 복제를 하기 위해서는 세포 분열이 있어야 한다. 또한 그것은 정보가 풍부한 DNA와 단백질을 가진 세포분열이어야만 한다. 바로 이점이 문제를 야기시킨다. 즉 정보가 풍부한 DNA와 단백질을 가지고 세포분열을 할 수 있는 생물 즉, 복제를 할 수 있는 생물은 갑자기 어디에서 나타났다는 말인가?

마이어가 재미있게 지적했듯이, 이것은 깊은 구덩이에 빠지고 나서야 그곳에서 빠져 나가려면 사다리가 필요하다는 것을 깨닫는 사람의 예와 같다. 그는 구덩이 밖으로 기어 나와 집으로 가서 사다리를 가져 온 후 다시 구덩이 속으로 들어간다. 그리고는 사다리를 타고 다시 구덩이를 빠져 나온다. 그들은 제대로 된 설명을 못하는 것이다.

당신이 들을 수 있는 설명 "RNA 기원 가설"

RNA 기원 가설은 초기의 세포는 DNA 대신 RNA를 이용하여 복제되었다는 가설이다. DNA처럼 RNA는 정보를 저장할 수 있을 뿐 아니라 복제까지 할 수 있다. 어떤 작은 바이러스는 유전물질로써 RNA를 사용한다. RNA 분자는 DNA 분자보다 훨씬 단순하기 때문에 어떤 과학자들은 RNA가 자연선택 내지는 무작위한 우연에 의해 형성되었을 가능성이 있다고 생각한다.

비록 RNA 이론은 잠시 동안 인기를 끌었지만, 곧 많은 회의주의자들을 양산해 냈다. RNA 이론의 주요한 문제점은 RNA가 기능을 감당하기 위해서는 최소량의 특정 정보를 가지고 있어야 한다는 점이다. DNA가 그런 것처럼 말이다. 그래서 우리는 이 정보가 최초 어디에서 생겨났는가 라는 동일한 문제점으로 다시 되돌아 가게 된다.

시나리오 3: 화학적 친화력

1970년대 초, 생명의 기원을 연구하는 대부분의 과학자들은 무작위한 우연 시나리오와 자연선택 시나리오에 대한 실망감을 드러냈다. 그에 대한 결과로, 어떤 과학자들은 세 번째 가능성을 탐구했다. 그것은 바로 단백질과 DNA는 서로 결합할 수 있다는 가능성이다.

일단 이 이론에는 합리적인 구석이 있다. 왜냐하면 자연에는 서로 다른 요소들이 화학적 친화력에 의해 결합되는 경우들이 매우 많기 때문에, 이것은 분자가 어떻게 형성되었는지를 설명할 수 있어 보인다. 소금 결정이 좋은 예이다. 화학적 친화력은 소금 결정 내에서 고도로 질서 있는 패턴 즉, 염화나트륨(NaCl)이 형성되도록 하기 위해 나트륨 이온(Na+)과 염소 이온(Cl-)을 결합시킨다. 과학자들은 비슷한 화학적 친화력이 DNA의 네 가지 알파벳을 서로 결합시킨 원인이었을 것이라는 이론을 제시했다.

하지만 마이어는 이 이론은 성립될 수 없는 커다란 난점들을 가지고 있다고 지적했다. 그는 이렇게 말했다. "기억해 보십시오. DNA안에 있는 유전 정보는 A, C, G, T라는 화학적 문자들로 표시됩니다. 어떤 힘이 자동적으로 A가 G를 끌어당기게 한다면 무슨 일이 일어날까요? 그러면, AGAGAGAG라는 반복적인 순서가 나타날 것입니다. 이런 논리라면, 소금결정 역시 염화나트륨이 계속해서 반복되는 모양으로 나타날 것입니다. 이런 것이 단백질을 생성할 수 있는 유전자를 만들어 내겠습니까?

그것을 이런 식으로 생각해 보십시오. 당신이 어떤 책을 펼쳐 보았다고 합시다. 그 책의 지면에 단어 "the"만 계속해서 반복되어 있겠습니까? 그렇지 않을 것입니다. 만약 당신의 모든 DNA가 연속적으로 반복되는 DNA로만 구성되어 있다면, 그것은 아미노산이 계속적이고 반복적인 결합을 하라는 명령을 받았기 때문일 것입니다. 그러면 당신은 살아있는 세포가 제 기능을 하도록 하는 각기 다른 많은 종류의 단백질 분자들을 만들어 낼 수 없을 것입니다. 그것은 마치 누군가에게 자동차 조립 설명서를 주었는데 그 속에 온통 the-the-the-the-the만 쓰여있는 것과 같습니다. 당신은 그 사람이 the라는 한 가지 단어만으로 필요한 모든 정보를 이해하리라고 기대할 수 없을 것입니다."

지금까지의 논증으로 판단할 때, 화학적 친화력으로 DNA 내의 정보를 설명하려는 생각은 정말로 터무니 없어 보였다. 하지만 이것이 끝이 아니었다. 그 이론에는 또 다른 문제점이 있었다.

"DNA를 공부해보면 화학적 친화력이 특정한 결합을 야기한다는 사실을 발견할 수 있습니다. 예를 들어, DNA 분자의 나선형 골격을 형성하는 당 분자와 인산염 분자 사이에는 어떤 결합이 일어납니다.

　하지만 화학적 결합이 일어나지 않는 곳이 하나 있습니다. 그곳은 바로 DNA의 조립명령이 내려질 때 쓰이는 화학적 문자들 사이입니다. 이 DNA의 메시지를 판독하는 문자들은 서로 어떤 의미 있는 방법에 따라 화학적인 상호작용을 하지 않습니다. 그뿐 아니라 그 문자들은 완전한 호환성을 가지고 있습니다. 각각의 문자들은 고유의 성격을 유지한 채 DNA 골격을 따라 어느 위치든 붙을 수 있습니다.

　INFORMATION이라고 배열된 자석 문자들이 냉장고에 붙어 있다고 생각해 보십시오.

　당신은 냉장고와 자석 문자 사이에는 끄는 힘이 있다는 사실을 알 것입니다. 그래서 자석 문자는 냉장고에 붙어 있습니다. 하지만 자석 문자들 사이에는 끄는 힘이 없습니다. 당신은 자석 문자들 중 한 개를 떼어다가 당신이 원하는 단어를 만들기 위해 그것을 다른 위치에 붙여 놓을 수 있습니다.

　이제, DNA를 생각해 봅시다. DNA 안에 있는 각각의 문자들은 당과 인산염으로 구성된 분자의 골격에서 화학적으로 결합됩니다. 그것들은 그런 식으로 DNA 구조에 붙어 있습니다. 하지만 각각의 문자들 사이에는 그 어떤 친화력이나 결합도 일어나지 않습니다. 이것이 제가 당신에게 강조하고자 하는 핵심입니다. 그래서 문자들을 특별한 순서에 따라 배열시키는 화학적 힘은 전혀 존재하지 않습니다. 그것들을 배열시키는 힘은 다른 어딘가에서 와야만 합니다.

제가 당신에게 냉장고에 붙어 있는 자석 문자들을 보여주면서 이렇게 물어보았다고 해 봅시다. "INFORMAITON이라는 단어가 문자의 순서에 따라 놓이게 한 것은 무엇일까요?" 한번 말해 보시겠어요?

그에 대한 대답은 체계 밖으로부터 온 지성밖에 없습니다. 화학이나 물리학이 문자들을 이런 식으로 배열한 것이 아닙니다. 그것은 제가 선택한 배열이었습니다. 그것은 DNA에게 있어서도 마찬가지입니다. 화학이나 물리학이 문자들로 하여금 단백질 생성 결합명령을 내릴 수 있는 배열이 되도록 한 것이 아닙니다. 그렇게 배열되게 한 원인은 체계 밖으로부터 온 것입니다."

그때 내 마음 속에서는 그 원인이 지적인 설계자일 것이라는 강력한 심증이 생기기 시작했다.

정보의 세대

마이어는 설명을 계속했다. "오늘날 우리는 정보를 사고 팝니다. 우리는 전용선을 통해 정보를 흘려 보내기도 하고, 인공위성으로부터 정보를 내려 받기도 합니다. 우리는 매우 분명하게 정보가 지적 존재로부터 온다는 사실을 알고 있습니다. 그렇다면, 우리는 생명 안에 정보가 들어있다는 사실을 어떻게 받아들여야 할까요? 미세한 공간에 존재하는 DNA가 지구 상에서 가장 진보된 슈퍼컴퓨터보다 훨씬 많은 양의 정보를 저장하고 있다는 것을 어떻게 받아들여야 할까요?

정보는 정신의 특징을 반영합니다. 유전학과 생물학의 증거들은 우리보다 훨씬 위대한 정신을 가진 존재를 가리키고 있습니다. 의식적이고 목적적이고 합리적이고 지성적이고 엄청난 창조력을 가진 존재를 말입니다."

논증은 거역할 수 없는 결론에 이르렀다. 지적인 존재는 유전자 암호 속에 네 가지 화학적 문자들을 집어 넣어 자신의 존재를 매우 자세하게 증명하고 있다. 그것은 마치 창조자가 모든 세포 위에 서명을 해 놓은 것처럼 보인다.

하나님에 대한 과학적 증거들을 조사한 지 몇 달이 지나자, 나는 창조 사건에 대한 증거들을 꽤 많이 축적하게 되었다. 그리고 마침내 내가 질문했던 내용들에 대한 해답에 접근하게 되었음을 알게 되었다. 내가 배운 내용들을 정리하고 소화할 시간에 이르게 된 것이다. 궁극적인 결론 즉, 인생을 바꿀만한 매우 중대한 의미를 담은 결론에 이르게 된 것이다.

참고_

- 스티븐 C. 마이어 〈설계에 관한 설명력: DNA와 정보의 기원 The explanatory power of design: DNA and the origin of information〉, 1998년
- 포버트 C. 노먼 〈다윈은 그것을 가지고 무엇을 하려고 했는가? What's Darwin got to do with it?〉, 2000년
- 〈생명의 신비를 파헤치다 DVD unlocking the mystery of life DVD〉, 2002년

7장

결정의 시간 : 과연 창조 사건은 있었는가?

결정의 시간은 다가왔다. 나는 증거들을 고찰하고 결정을 내릴 준비가 되어 있었다. 최근의 과학적 증거들은 하나님의 존재를 거부하고 있는가 아니면 지지하고 있는가? 다시 말해 사실들은 믿음을 지원해 주고 있는가?

실제로, 믿음에 대한 오해들은 많이 존재한다. 어떤 사람들은 믿음과 사실이 서로 상치된다고 생각한다.

하지만 그것은 분명 내가 이해하고 있는 바와 거리가 멀다. 내가 이해하는 믿음은 증거가 가리키는 방향과 같은 방향으로 분별력 있는 발걸음을 내딛는 것이다. 만약 과학적 사실, 역사적 사실이 하나님의 존재를 지향하고 있다면, 그 사실로 인해 하나님을 믿는 반응을 보이는 것은 이성적이고 합리적인 일일 것이다.

과학적 자료들을 점점 더 분석하면 할수록 많은 세월 동안 나를 무신론으로 이끌었던 다윈주의를 믿는 것은 점점 더 어려워졌다. 솔직히 말해서 다윈주의는 단순히 믿어버리기에는 너무나 억지스러운 이론처럼 보였다. 나는 다윈주의와 그것의 근원적인 전제인 자연주의를 받아들이기 위해서는 다음의 것들을 믿어야 한다는 사실을 깨닫게 되었다.

- 무에서 모든 것이 생겨난다.
- 무생물에서 생물이 생겨난다.
- 무작위성에서 미세 조정이 생겨난다.
- 혼란에서 정보가 생겨난다.
- 무의식에서 의식이 생겨난다.
- 비이성에서 이성이 생겨난다.

이러한 점들을 살펴보면서 나는 다윈주의가 내키지 않는 맹목적인 믿음의 도약을 요구하고 있다는 결론을 내리지 않을 수 없었다. 진화론의 중심 기둥은 엄밀한 조사 앞에 노출되자 금새 부패하고 말았다.

자연주의와 다윈주의는 우주의 창조를 설명해 낼 수 없다. 그것은 최초의 살아있는 세포의 출현, 캄브리아기 폭발이 일어났을 때 완전한 형태를 갖춘 복잡한 생물들이 갑자기 출현했음을 보여주는 화석 기록들, 마이클 베히가 묘사한 환원 불가능하게 복잡한 생물체들, DNA 안에 있는 정보들의 출처에 대해 설명할 수 없다. 그래서 인간 분자 유전학을 연구하는 과학자 마이클 덴톤이 「진화: 위기에 처한 이론」*Evolution: A Theory in Crisis*이라는 제목의 훌륭한 다윈주의 비판서를 집필한 것은 이상한 일이 아니다.

창조사건

반면 최근의 과학적 연구를 통해 밝혀진 증거들은 과거 그 어느 때보다 하나님의 존재에 타당성을 부여하고 있다. 이러한 증거들은 점점 더 많은 과학자들을 납득시켜 그들이 하나님의 존재를 믿는 자리로 나아가게 하고 있다. 라이스 대학교의 나노 과학자 제임스 투어(James Tour)는 이렇게 말했다. "과학에 대해 아무것도 모르는 풋내기만이 과학이 믿음을 앗아간다고 말할 것입니다. 만약 당신이 정말로 과학을 공부해 본다면, 과학은 당신을 하나님께로 더 가까이 나아가게 할 것입니다"[1]

이 책을 읽으면서 당신은 나름대로의 결론을 내릴 수 있을 것이다. 나 역시 그 동안 수집한 증거들을 통해 나름대로의 결론을 내릴 수 있었다. 우주론, 물리학, 생화학, 유전학적 증거들은 나로 하여금 창조자의 존재를 믿지 않을 수 없게 만들었다.

우주론

우리의 보편적인 경험은 '존재하기 시작한 것은 무엇이든 원인을 가지고 있다'라는 사실을 보여준다. 현재 과학은 우주가 존재하기 시작했었음을 단언하고 있다. (스티븐 호킹은 이렇게 말했다. "현재, 거의 모든 사람들은 우주와 시간은 빅뱅이 일어났을 때 시작되었다고 믿고 있습니다.")[2] 따라서 논리적인 결론은 우주는 원인을 가지고 있다는 것이다.

물리학

현대 과학의 가장 두드러진 발견들 중 하나는 물리법칙들과 물리상수들이 놀랄만한 방법으로 예기지 않게 협력하여 우주를 생명체가 거주할 수 있는 장소로 만들었다는 사실이다. 물리학자이자 철학자인 로빈 콜린스는 단순한 우연으로는 정신을 압도할 만큼 미세하게 구성된 물리학의 눈금들을 합리적으로 설명할 수 없다고 말했다. 창조자가 존재했었다는 설명이 그것에 대한 더욱 논리적인 설명이 될 것이다.

생화학

다윈은 이렇게 말했다. "만약 셀 수 없이 많고, 연속적이고,

경미한 변이에 의해 형성될 수 없는 어떤 복잡한 조직의 존재가 증명된다면, 나의 이론은 완전히 붕괴될 것입니다." 생화학자 마이클 베히는 "환원 불가능하게 복잡한" 분자 기계들을 묘사함으로써 이것을 정확하게 증명해 냈다. 이 놀라운 생물학적 체계들은 설계자의 존재를 가리키고 있다. 베히는 이렇게 말했다. "저는 환원 불가능하게 복잡한 체계들이 존재하는 것은 지적인 설계자가 목적과 의도를 가지고 그것들을 설계했기 때문이라고 믿습니다."

생물학적 정보

DNA는 네 가지 화학적 알파벳 문자를 포함하고 있다. 이 알파벳들은 우리의 몸을 구성하는 모든 단백질이 생성되도록 정확한 결합 명령을 내린다. 어떤 이론은 이 정보들이 자연적인 방법을 통해 생명체에 주입되었다고 주장하지만, 그 원인은 제대로 설명해 내지 못한다. 반면 우리는 이러한 종류의 정보들 예를 들어 책 속의 문자들, 컴퓨터 코드 같은 것들을 접할 때마다 지적인 존재가 그것들을 설계했음을 안다. 마찬

가지로, 우리는 DNA 안에서 이러한 정보들을 발견하면서, 지적인 설계자의 존재를 인식하게 된다.

하지만 과학적 발견은 단지 우리를 거기까지 밖에 데리고 가지 못한다. 어느 시점에서 진리는 반응을 요구한다. 우리가 설계자를 단지 추상적인 개념으로 생각하려 하지 않고 우리의 설계자로 받아들이려 할 때, 우리의 "진정한 하나님"으로 인정하려 할 때, 우리는 그분을 인격적으로 만날 수 있고 그분과 매일 교제할 수 있고, 그분이 약속한대로 그분과 함께 영원한 시간을 보낼 수 있게 된다.

그로 인해, 모든 것들은 변하게 된다. 다음에 소개할 젊은 외과의사와 그의 아내가 경험했던 것처럼 말이다.

과학에서 하나님으로

부드러운 말씨와 은색 머리카락을 가진 이 77세의 물리학자만큼 과학적 증거들이 하나님을 가리키고 있다는 사실을 깨닫고 많이 놀란 사람은 없을 것이다. 그는 남부 캘리포니아의 한 식당에서 내 맞은편에 앉아 있었다.

그의 이야기는 과학의 힘이 하나님을 증명해 줄 수 있다는 사실을 보여주는 좋은 예이다. 하지만 이것은 거기에서 그치지 않는다. 그의 이야기는 만약 당신이 개인적인 관심을 가지고 사실이 하나님에 대한 믿음을 뒷받침하는지 알아보고자 할 때, 당신이 참고할 수 있는 좋은 지침이 될 것이다.

비고 올슨(Viggo Olsen)은 평생을 과학에 몸담아 온 훌륭한 외과의사이다. 의과대학을 우등으로 졸업한 그는 이후 미국 외과의사협회의 정회원이 되었다. 그의 이름 뒤에는 의학 석사, 의학 박사, 문학 박사, 인문학 박사, 미국외과학회 정회원, 화학연구소 정회원, 열대의학 및 위생학 전문의와 같은 직함이 줄줄이 붙어있었다. 그는 과거에 영적 회의주의자로 살았던 것을 과학적 지식의 탓으로 돌렸다.

그는 이렇게 말했다. "저는 불가지론적 시각을 통해 기독교와 성경을 보았었습니다. 제 아내 조안(Joan) 역시 회의주의자였죠. 저희는 창조자가 존재한다는 독립적인 증거는 어디에도 없다고 믿었습니다. 반대로 저희는 생명은 진화 과정을 통해 형성되었다고 믿었습니다"

문제는 독실한 기독교인이었던 아내의 부모님이었다.

올슨과 조안은 처음으로 인턴과정을 시작하기 위해 뉴욕의 한 병원으로 가는 길에 부모님을 방문했다. 그들은 부모님으로부터 그들이 종교선전이라고 생각하는 내용의 말들을 들어야 했다. 올슨과 조안 역시 밤 늦도록 이어진 토론에서, 왜 기독교가 현대 과학과 상충되는지를 인내력 있게 설명했다. 식탁에 둘러앉아 새벽 2시까지 토론을 나누던 그들은 마침내 포기하는 심정으로, 자기들 스스로 그 기독교적 증거들을 검토해 보겠다고 약속했다.

올슨은 진지하고 솔직한 탐구를 해보겠다는 의사를 넌지시 비췄다. 하지만 마음 속으로는 이미 다른 생각을 하고 있었다. "나의 의도는 객관적인 연구를 하려는 것이 아니야" 그는 이렇게 생각했다. "마치 외과의사가 흉부를 절개하듯, 우리는 성경을 베어내어 그것이 가진 과학적 오류들을 모두 도려 내버릴 거야"

집으로 돌아온 올슨과 조안은 종이 한 장을 꺼내 맨 위에 "성경에서 발견되는 과학적 오류들"이라는 제목을 써넣었다. 그들은 쉽게 그 종이 안에 내용을 채워 넣을 수 있으리라 생각했다. 그들은 조사 과정을 통해 알게 된 내용을 함께 토론하는 방법으로 일을 진행했다. 항상 해답을 알 수 없는 질문들은 점점 더 많이 쌓여만 갔다. 올슨이 병원에서 근무할 동안에는 조안이 미해결된 문제들을 조사했다. 그들은 2인 1조의 레스링 선수들처럼 역할을 교체했다. 그리고 자기 차례가 될 때마다 증거들을 면밀히 조사했다.

문제는 곧 발생되었다. 하지만 그것은 그들이 예상한 종류가 아니었다. 그는 이렇게 말했다. "저희는 곤혹스러웠습니다. 왜냐하면 과학적 오류를 찾을 수 없었기 때문이죠. 저희는 오류처럼 보이는 것들을 발견하기도 했습니다. 하지만 조금만 더 숙고하고 연구하면 그것은 저희의 이해력이 부족했기 때문이라는 사실을 알게 되었습니다. 저희는 다시 한 번 문제를 검토해 보게 되었습니다"

그 무렵 한 학생이 「현대 과학과 기독교 신앙」*Modern science and Christian faith* 라는 책을 그들에게 건네주었다. 이 책은 13장으로 구성되어 있는데, 각 장마다 한 명의 과학자들이 자기 분야에서 발견한 하나님에 대한 증거를 기록하고 있다. 비록 이 책은 지금 내가 나의 책에서 설명하고 있는 많은 과학적 증거들이 발견되기 이전에 출간되었지만, 이 책에서 소개하고 있는 증거들만으로도 올슨과 조안을 깜짝 놀라게 하기에 충분했다.

올슨은 이렇게 말했다. "정신이 아찔했어요! 기독교 안에도 설명할 근거들이 있다는 사실을 처음으로 알게 되었으니까요."

●● 일생일대의 모험

그들은 그 책에서 소개한 많은 참고문헌들을 열심히 탐독했다. 그리고 증거들을 분석하는 과정에서 몇 가지 결론을 내렸다.

첫째, 우주는 영원하지 않았고, 어떤 시점에서 생겨났을 것이라는 결론을 내렸다. 왜냐하면 우주는 열 에너지, 원자 에너지를 비롯한 많은 에너지들로 가득 차 있어, 어떤 강력한 힘에 의해 존재하게 되었다는 설명이 타당해 보였기 때문이다.

둘째, 우주와 인체로부터 조직들과 세포들에 이르기까지,

그 모든 것들이 설계되었다는 증거가 너무나 명백해 보이기 때문에, 우주를 존재하게 한 힘은 분명 지성을 가진 존재일 것이라는 결론을 내렸다.

셋째, 인간은 이성이라는 대단한 능력뿐 아니라 그 보다 고차원적인 능력 즉, 공감하고 사랑하고 동정하는 능력이 있음을 상기했다. 이러한 차원에서 창조자는 분명 피조물보다 위대할 것이기 때문에, 최소한 인간이 가진 고차원적인 특성 정도는 가지고 있음이 분명하다고 생각했다.

성경을 토대로 하지 않고, 증거와 추론만을 근거로 하여, 그들은 그 동안의 조사를 토대로 만든 세 가지 질문 중 첫 번째 질문을 던질 수 있게 되었다. "우주를 창조한 하나님은 존재하는가?" 그리고 그들은 자기들이 내린 결론에 깜짝 놀랐다. 그렇다. 인격적인 창조자 하나님은 존재한다. ("창조자의 정체"라는 박스를 참고하라)

이 질문에 대한 해답을 얻은 후, 그들은 그 다음 두 가지 광범위한 질문을 탐구하기 시작했다. "하나님은 성경이나 그 밖의 신성한 경전을 통해 자기 자신을 인류에게 드러냈는가?" "예수님은 인성과 신성을 모두 가지고 있는 하나님의 아들이

며, 그가 주장한 대로 우리를 도울 수 있는가?"

이 주제에 대한 조사는 계속되었다. 어느 날, 병원에서 일을 하고 있던 올슨은 기독교를 반박할 만한 강력한 논증을 생각해 내고 그것을 머리 속으로 정리했다. 그는 마치 지난 달에 있었던 일인 양 그것을 생생히 회고하면서 내게 이렇게 말했다. "저는 그 논증을 정말로 자랑스러워 했습니다. 저는 하루 종일 머리 속으로 그것을 정리했습니다. 조안에게 말해주고 싶어서 안달이 났지요!"

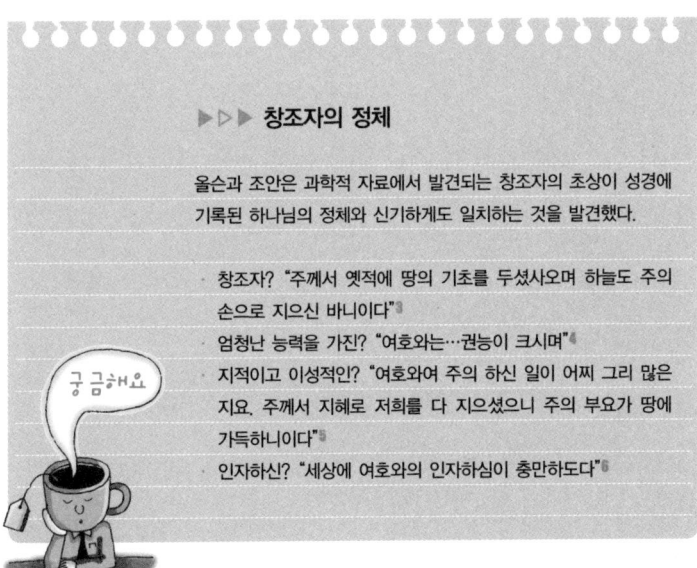

▶▶▶ **창조자의 정체**

올슨과 조안은 과학적 자료에서 발견되는 창조자의 초상이 성경에 기록된 하나님의 정체와 신기하게도 일치하는 것을 발견했다.

- 창조자? "주께서 옛적에 땅의 기초를 두셨사오며 하늘도 주의 손으로 지으신 바니이다"[3]
- 엄청난 능력을 가진? "여호와는…권능이 크시며"[4]
- 지적이고 이성적인? "여호와여 주의 하신 일이 어찌 그리 많은 지요. 주께서 지혜로 저희를 다 지으셨으니 주의 부요가 땅에 가득하니이다"[5]
- 인자하신? "세상에 여호와의 인자하심이 충만하도다"[6]

7장 결정의 시간 : 과연 창조 사건은 있었는가?

다른 의사와 근무를 교대하고, 그는 세 블록을 걸어 자기가 사는 작은 아파트에 도착했다. 현관 문에 들어서자마자 그는 조안에게 기독교를 반박할만한 새로운 논증을 이야기하기 시작했다. 그리고는 마침내 이렇게 물었다. "당신은 어떻게 생각해요?"

그는 계속해서 이렇게 회상했다. "잠시 동안 침묵이 흘렀습니다. 이후 조안은 아름다운 푸른 눈으로 저를 바라보더니 이렇게 말하더군요. '올슨, 모든 조사를 마치고도 그리스도가 하나님의 아들이라는 사실이 믿어지지 않나요?'"

그는 이렇게 말했다. "그녀가 내게 말하는 모습, 그녀가 나를 바라보는 모습 속에는 무엇인가가 있었습니다. 그것은 내 마음 속에 자리잡고 있었던 모든 장벽들을 일순간에 무너뜨렸습니다. 우리가 배워왔던 모든 것들이 함께 어우러지면서 놀랍고 장엄하고 빛나고 멋진 예수님의 모습이 드러났습니다"

"저는 주저하면서 이렇게 말했습니다. '그래요, 나도 정말로 믿어요. 그게 사실이란 걸 알아요. 정말로 믿는다니까요!' 사실 저는 그 때까지도 믿고 있지 않았습니다. 하지만 마음의 장벽이 무너지면서 그녀의 말이 옳다고 느끼게 되었습니다. 우리는 거실 쪽으로 걸어가 소파에 앉았습니다. 그리고 저는 이렇게 말했습니다. '당신은 어때요?'"

"그녀는 이렇게 말하더군요.""저는 몇 일 전에 이 문제를 해결했어요. 하지만 당신에게 말하기가 두려웠어요. 우리가 공부하고 배운 모든 것들은 마침내 제게 성경이 무엇인지, 그리스도가 누구인지, 우리에게 필요한 것이 무엇인지를 알게 해 주었어요. 저와 당신에게는 그리스도가 필요하다는 사실을 알게 해 주었어요. 몇 일 전, 저는 이 점을 완전히 확신하게 되었어요.""그녀는 이미 용서와 영생이라는 하나님의 선물을 받아들이는 기도를 했더군요. 그것이 바로 우리 생애 가장 큰 모험의 시작이었습니다!"

올슨과 조안은 자기들이 할 수 있는 최대한의 영향력을 발휘하기를 원했다. 그들은 기독교인도 없고, 의료시설도 없는 지역으로 자기들을 보내달라는 담대한 기도를 하나님께 드렸다. 하나님께서는 그들의 기도를 들어주셔서 올슨 부부는 결국 가난에 찌든 나라 방글라데시에서 33년의 시간을 보냈다.

그들은 그곳에 메모리얼 기독병원이라는 의료 센터를 설립

했다. 그곳은 수없이 많은 사람들이 치료를 경험하고 소망을 발견하는 영적 등불의 역할을 했다. 그들과 그들의 동역자들은 120개의 교회를 설립하는 일에 동참했다. 방글라데시 국민들과 정부 역시 그들을 따뜻하게 대해 주었다. 올슨은 방글라데시에서 이룬 공로에 대한 감사의 표시로 #001비자를 발급받는 영예를 얻기도 했다.

나는 올슨에게 이런 질문을 던졌다. "그렇게 낙후된 나라에서 사시느라 힘들지 않으셨나요?"

그는 미소를 지으면서 이렇게 대답했다. "그렇습니다. 그것은 저희가 감행할 수 있었던 최대의 모험이었습니다. 당신이 어려운 상황에 처했을 때, 당신이 힘에 벅찬 일을 계속해서 경험할 때, 당신이 나락으로 떨어질 때, 당신이 당신의 힘으로는 어찌 할 수 없는 일과 만났을 때, 당신은 마음을 다해 기도할 수 있습니다. 그러면 당신은 하나님께서 당신에게 다가와 당신의 삶을 만지시며 당신이 기대하지도 못한 방법으로 당신의 문제를 해결해 주신다는 사실을 발견하게 될 것입니다."

그는 눈동자에 빛을 발하면서 이렇게 말했다. "그것과 견줄 수 있는 것은 없습니다. 우리는 계속해서 그것을 경험했습니다. 세상을 다 준다 해도 그것을 포기하지는 않았을 것입니다. 저는 하나님께서 우리를 만드신 목적을 발견하고, 그것이 무엇이건 간에 충실히 감당하는 것이 바로 인생을 살아가는 최상의 방법이라고 생각합니다"

마침내 올슨은 자신의 경험을 담은 세 권의 책을 출간했다. 그 중에서 나는 특별히 「겁없이 탐구를 감행한 불가지론자」 *The agnostic who dared to search* 라는 제목의 책을 좋아한다. 왜냐하면 이 책의 제목은 하나님에 대한 증거를 조사하는 것은 위험이 따른다는 점을 암시하고 있기 때문이다. 언젠가 당신이 발견한 진리는 당신에게 어떤 반응을 요구할 것이다. 그리고 바로 그것이 당신의 모든 것을 변화시킬 것이다.

당신은 발견하는 존재로 설계되었다

비록 올슨이 나보다는 훨씬 탄탄한 과학적 배경을 가지고 있지만, 우리 두 사람이 신앙과 과학에 접근하는 방법에는 분명 유사점이 있었다. 우리는 책을 읽었고, 질문을 했고, 흔적을 찾아보았고, 장소를 불문하고 증거가 있는 곳이면 어디든 추적했다. 마치 우리의 목숨이 거기에 달려 있는 것처럼 우리는 체계적이고 열정적으로 그것을 조사했다.

그리고 마침내 우리의 삶, 우리의 태도, 우리의 철학, 우리의 세계관, 우리의 우선순위, 우리의 관계는 혁명적으로 개선되었다.

나는 조사과정에서 얻은 수 많은 정보들을 검토하는 가운데, 지적인 설계자는 정말로 믿을만하며 주목할만한 존재라는 증거들을 발견했다. 나는 「예수는 역사다」 *The case for Christ* 라는 책에서 역사적인 증거들을 들어 예수님께서는 하나님의 독생자 이시라는 사실을 설명했다. 나는 그 증거들과 하나님께서는 지적인 설계자 이시라는 증거들을 결합해 보았다. 그러고 나니, 성경의 하나님을 믿겠다는 결심은 내가 내릴 수 있는 가장 이성적이고 자연스러운 결심이 되었다. 나는 가장 논리적인 결론을 내릴 수밖에 없게 하는 진실의 급류에 그저 떠내려가기만 하면 되었다.

만약 당신이 영적인 회의주의자이거나 구도자라면, 당신

스스로 증거들을 조사한 후 결론을 내리기를 바란다. 분명 올슨의 3단계 접근법은 그에 대한 훌륭한 윤곽을 제공해 줄 것이다.

- 첫째, 우주를 창조한 하나님은 존재하는가?
- 둘째, 하나님은 성경이나 그 밖의 신성한 경전을 통해 자기 자신을 인류에게 드러냈는가?
- 셋째, 예수님은 인성과 신성을 모두 가지고 있는 하나님의 아들이며, 그가 주장한 대로 우리를 도울 수 있는가?

당신은 곧 우주는 물리적 법칙과 영적인 법칙에 의해 다스려진다는 사실을 발견하게 될 것이다. 물리적 법칙은 우리에게 창조자를 알려준다. 영적인 법칙은 우리에게 지금 그리고 영원히 그분을 인격적으로 알 수 있는 방법을 알려준다.

결국, 그분께서는 넓은 의미에서의 창조자이실 뿐 아니라 당신의 창조주도 되신다. 당신은 그분과 강렬하고 역동적이고 친밀한 방법으로 교제하기 위해 만들어졌다. 그리고 만약 당신이 마음을 다해 그분을 찾으면 그분께서는 당신이 그분을 찾는데 필요한 모든 단서들을 제공해 주실 것이다. 실제로, 당신은 이 책을 읽는 가운데, 벌써 그분께서 미묘하지만 매우 실재적인 방법으로 당신을 따라다니고 계심을 감지할지도 모른다.

▶▶▶ **발견하기 위해 설계되다**

천문학자들은 이 놀라운 세계가 창조되었다는 사실을 입증하는 전혀 새로운 차원의 증거들을 발견해 가고 있다. 이제 우리는 그 중 일부를 탐구해 보기로 하자. 「특권을 가진 행성」*Privileged planet*을 집필한 천문학자 귈러모 곤잘레스(Guillermo Gonzalez)와 과학 철학자 제이 웨슬리 리처드(Jay Wesley Richards)는 인터뷰에서 이렇게 말했다.

- 귀중한 과학적 발견으로 인정받는 태양의 개기일식은 태양계의 오직 한 장소에서만 관측될 수 있습니다. 개기일식은 지적인 존재들이 그것을 관측할 수 있는 곳, 즉 태양계에서 유일한 장소인 지구에서만 일어나게 되어있습니다.
- 지구는 은하계의 중심에서 멀리 떨어져 있고, 원반의 납작한 평면에 위치하고 있어 가까이에 있는 별들이나 멀리 있는 별들 모두를 관찰할 수 있는 특권적인 이점을 가지고 있습니다.
- 지구는 우주배경복사를 탐지하는데 아주 좋은 위치에 있습니다. 우주배경복사는 우주 생성 초기의 우주의 특성들에 대한

당신은 발견하는 존재로 설계되었다. 천문학자들이 수행한 최근의 연구들은 그것을 잘 말해준다. ("발견하기 위해 설계되다"라는 박스를 참고하라)

이제, 당신 인생에서 가장 위대한 발견이 당신을 기다리고 있다. 그래서 나는 당신이 과학적 지식을 추구하되 거기서 멈

귀중한 정보들을 담고 있기 때문에 매우 중요합니다.
• 달은 가장 적절한 크기와 거리를 유지하면서 지구의 기울기를 안정시키고 있기 때문에, 적설로 이루어진 극지방의 빙하가 보존되는데 도움을 줍니다. 이 빙하를 통해 과학자들은 강설, 기온, 바람의 역사와 대기 중의 화산재, 메탄, 이산화탄소의 양을 측정할 수 있습니다.

과학자들은 우리의 세계가 발견되기 위해 설계된 것처럼 보인다고 생각한다. 그리고 그들은 그러한 판단을 통해 주목하지 않을 수 없는 새로운 차원 즉, 창조자가 존재한다는 차원에까지 이른다. 솔직히 말해서, 그들의 분석은 이치에 맞다.
만약 하나님께서 너무나 정밀하고 신중하고 사랑스럽고 놀라운 방법으로 당신의 피조물들을 위한 경이로운 거주지를 만드셨다면, 하나님께서는 당신의 피조물들이 그곳을 탐구하고, 그곳을 측정하고, 그곳을 조사하고, 그곳을 올바로 인식하고, 그곳으로부터 영감을 받고, 궁극적으로는, 또한 가장 중요하게는 그곳을 통해 하나님을 발견하기를 원하시는 것이 당연하지 않겠는가? 그렇지 않은가?

7장 결정의 시간 : 과연 창조 사건은 있었는가?

추지 않기를 소망한다. 과학적 지식을 최종 목표로 삼지 말라. 대신에 그것이 그것 이면으로 당신을 안내하도록 하라. 그것이 당신의 인생과 영원을 위해 제시되는 놀라운 암시가 되게 하라. 다시 말해 과학적 지식이 당신에게 인격적으로 경험할 수 있는 창조주를 알려주는 것이 되게 하라.

그것은 일생에 걸친 모험이 될 것이다.

주

1장

1. Linus Pauling, *No More War!* (New York: Dodd, Mead & Co., 1958), 209.

2장

1. *Discover*, April 2002.
2. Steven Weinberg, *The First Three Minutes* (New York: Basic Books, updated ed., 1988), 5.
3. Weinberg, *First Three Minutes*, 6.
4. Brad Lemley, "Guth's Grand Guess," *Discover*, April 2002.
5. William Lane Craig and Quentin Smith, *Theism, Atheism and Big Bang Cosmology* (Oxford: Clarendon Press, 1993), 135.
6. Kai Nielsen, *Reason and Practice* (New York: Harper & Row, 1971), 48.
7. C.J. Isham, "Creation of the Universe as a Quantum Process," in R.J. Russell, W.R. Stoeger, and G.V. Coyne, eds., *Physics, Philosophy, and Theology* (Vatican City State: Vatican Observatory, 1988), 378, quoted in William Lane Craig, *Reasonable Faith* (Wheaton, Ill.: Crossay, rev. ed., 1994), 328.
8. Robert Jastrow, *God and the Astronomers*, rev. ed. (New York: W.W. Norton,

1992), 14.

3장

1. 이 과학자들은 "다윈니즘에 대한 과학적 반론"이라는 제목의 한 페이지짜리 잡지 광고를 냈다. 이들은 글에서 "우리는 무작위적 돌연변이와 자연선택으로 생명의 복잡성을 설명할 수 있다는 주장에 회의적이다"라고 말했다. 그리고 다윈의 이론에 대한 증거들을 "더욱 면밀히 조사해야 한다."고 덧붙였다. *The Weekly Standard*를 보라. (October 1, 2001)
2. See Philip H. Abelson, "Chemical Events on the Primitive Earch," *Proceeding of the National Academy of Sciences USA* 55(1966): 1365-72.
3. See Michael Florkin, "Ideas and Experiments in the Field of Prebiological Chemical Evolution," *Comprehensive Biochemistry* 29B(1975):231-60.
4. See Sidney W. Fox and Klaus Dose, *Molecular Evolution and the Origin of Life*, rev. ed. (New York: Marcel Dekker, 1977), 43, 74-76.
5. John Cohen, "Novel Center Seeks to Add Spark to Origins of Life," *Science* 270(1995): 1925-26.
6. See J.W. Valentine et al., "Fossils, Molecules, and Embryos: New Perspecitives on the Cambrian Explosion," *Development* 126(1999).
7. For a description of how various textbooks use embryo drawings, see Jonathan Wells, *Icons of Evolution* (Washington, D.C.: Regnery, 2000), 101-4.
8. Larry D. Martin, "The Relationship of Archaeopteryx to Other Birds," in M.K. Hecht, J.H. Ostrom, G. Viohl, and P. Wellnhofer, eds., *The Beginnings of Birds* (Eichastätt: Freunde des Jura-Museums, 1985), 182, quoted in Wells, *Icons of Evolution*, 116.

9. *World Book Encyclopedia* vol. 10(Chicago: Field Enterprises Educational Corp., 1962 ed.), 50.
10. Marvin L. Lubenow, *Bones of Contention* (Grand Rapids: Baker, 1992), 87.
11. Hank Hanegraaff, *The Face That Demonstrates the Farce of Evolution* (Nashville: Word, 1998), 50.
12. See Philip E. Johnson, *Darwin on Trial*, 2nd ed. (Downers Grove, Ill.: InterVarsity Press, 1993), 50.
13. Douglas Futuyama, *Evolutionary Biology* (Sunderland, Mass.: Sinauer, 1986), 3.
14. See Lubenow, *Bones of Contention*, 86-99.
15. Hanegraaff, *Face*, 52.
16. Lubenow, *Bones of Contention*, 87.
17. Michael D. Lemonick, "How Man Began," *Time*, March 14, 1994, quoted in Hanegraaff, Face, 52.
18. See Constance Holden, "The Politics of Paleoanthropology," *Science* 213(1981).
19. See Henry Gee, *In Search of Deep Time: Beyond the Fossil Record to a New History of Life* (New York: The Free Press, 1999).

4장

1. Robin Collins, "A Scientific Argument for the Existence of God: The Fine-Tuning Design Argument," in Michael J. Murray, ed., *Reason for the Hope Within* (Grand Rapids: Eerdmans, 1999), 48.
2. 로빈 콜린스는 "눈금판 전체는 자연의 힘의 세기의 범위를 나타낸다. 가장 약

한 중력에서부터 중력의 10억배의 10억배의 10억배의 10억배의 만배는 더 큰 양성자와 중성자를 핵에 같이 묶어두는 가장 강한 핵력에 이르기까지. 중력의 범위는 최소한 힘의 모든 범위만큼이나 많게 잡을 수도 있다.

3. Walter L. Bradley, "The 'Just-So' Universe," in William A. Dembski and James M. Kushiner, eds., *Signs of Intelligence* (Grand Rapids: Brazos, 2001), 170.

4. Paul Davies, *God and the New Physics* (New YOrk: Simon & Schuster, 1983), 189.

5. Edward Harrison, *Masks of the Universe* (New York: Collier Books, 1985), 252.

6. Fred Hoyle, "The Universe: Past and Present Reflections," *Annual Review of Astronomy and Astrophysics* 20(1982).

7. Paul Davies, *The Mind of God* (New York: Touchstone, 1992), 16, 232.

8. Owen Ginerich, "Dare a Scientist Believe in Design?" in John M. Templeton, ed., *Evidence of Purpose* (New York: Continuum, 1994), 25.

9. Stephen C. Meyer, "Evidence for Design in Physics and Biology," in Michael J. Behe, William A. Dembski, and Stephen C. Meyer, *Science and Evidence for Design in the Universe* (San Francisco: Ignatius Press, 2000), 60.

10. See Brad Lemley, "Why Is there Life?" Discover (November 2002); and Martin Rees, *Just Six Numbers: The Deep Forces That Shape the Universe* (New YOrk: Baskc, 2000).

11. See Lemley, "Why Is There Life?"

12. Jimmy H. Davis and Harry L. Poe, *Designer Universe* (Nashville: Broadman & Holman, 2002), 107.

13. 로빈 콜린스는 한 가지 예외는 우주는 아무런 이유 없이 스스로 존재한다는 그리 일반적이지 않은 견해뿐이지만, 많은 사람들이 이 생각은 신을 믿는 것보다 더 많은 믿음을 요구한다는 것을 발견했다.

14. Gregg Easterbrook, "The New Convergence," *Wired* (December 2002).

5장

1. Charles Darwin, *The Origin of Species*, 6th ed.(New YOrk: New YOrk University Press, 1998), 154.
2. Bruce Alberts, "The Cell as a Collection of Protein Machines," *Cell* 92(February 8, 1998).
3. Kenneth R. Miller, "The Flaw in the Mousetrap," *Natural History*, April 2002.
4. See Joe Lorio, "Four of a Kind," *Automobile*, August 2003.
5. Ibid., 147.

6장

1. Quoted in Larry Witham, *By Design* (San Francisco: Encounter, 2003), 172.
2. See Nancy Gibbs, "The Secret of Life," *Time*, February, 17, 2003.
3. Jim Brooks, *Origins of Life* (Sydney: Lion, 1985), np.
4. Michael Denton, *Evolution: A Theory in Crisis* (Chevy Chase, Md.: Adler & Adler, 1986), 261.
5. George Sim Johnson, "Did Darwin Get It Right?" *The Wall Street Journal*, October 15, 1999.
6. Francis A. Crick, *Life Itself* (New York: Simon & Schuster, 1981), 88.

7장

1. Quoted in Candace Adams, "Leading Nanoscientist Builds Big Faith," *Baptist*

Standard, March 15, 2002.
2. Stephen W. Hawking and Roger Penrose, *The Nature of Space and Time* (Princeton, N.J.: Princeton University Press, 1996), 20.
3. Psalm 102:25.
4. Nahum 1:3.
5. Psalm 104:24.
6. Psalm 33:5.

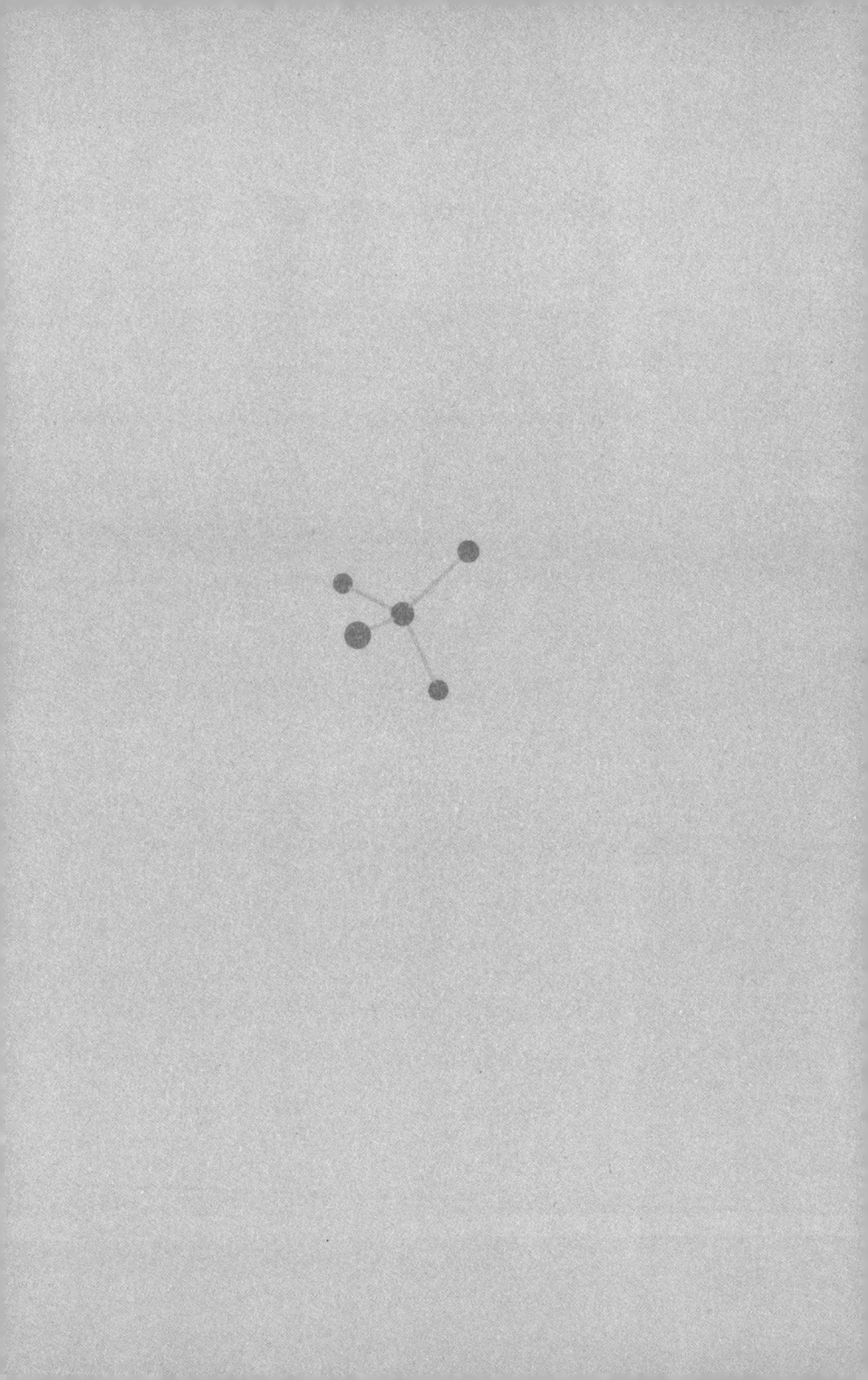

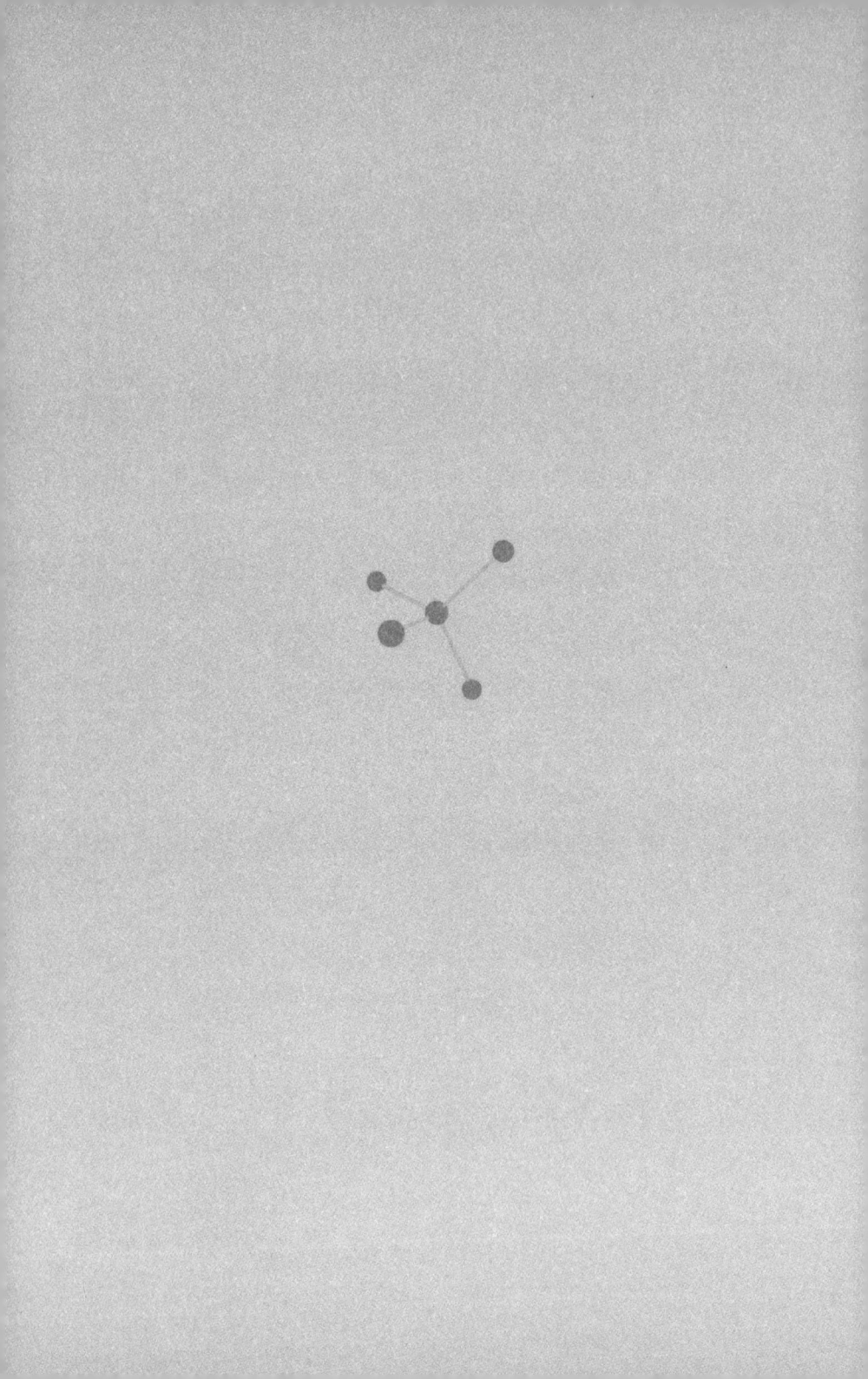